周蓓 主編

『民國專題史』叢書

(日)波多野鼎 著 徐文亮 譯

河南人民出版社

近世社會思想史

介紹近代社會思想的起源、流派和發展狀況，包括緒論、空想的社會主義、科學的社會主義、共產主義和無政府主義

圖書在版編目(CIP)數據

近世社會思想史 / (日)波多野鼎著; 徐文亮譯. —
鄭州 : 河南人民出版社, 2016. 4(2017. 1 重印)
(民國專題史叢書 / 周蓓主編)
ISBN 978 - 7 - 215 - 10101 - 2

Ⅰ. ①近… Ⅱ. ①波… ②徐… Ⅲ. ①社會主義 -
政治思想史 Ⅳ. ①D091. 6

中國版本圖書館 CIP 數據核字(2016)第 080566 號

河南人民出版社出版發行
(地址 : 鄭州市經五路 66 號　郵政編碼 : 450002　電話 : 65788063)
新華書店經銷　　河南新華印刷集團有限公司印刷
開本 710 毫米 × 1000 毫米　　1 / 16　　印張 14. 25
字數 210 千字
2016 年 4 月第 1 版　　2017 年 1 月第 3 次印刷

定價 : 92. 00 圓

出版前言

中國現代學術體系是在晚清西學東漸的大潮中逐步形成的。至民國初建，中央政治權威進一步分散和削弱，加之新文化運動帶給國人思想上的空前解放，新學的啓蒙，新知識分子的産生，民國學術如草長鶯飛，進入一個自由而蓬勃的時代。中國傳統學科乃中國學術之根基與菁華所在，民國學人采用『取今復古，別立新宗』之方法，引入西方的學術觀念，積極改造，使史學、文學等學科向現代學術方向轉型。此外，大力推介西方社會科學的新學科和自然科學，在學習、借鑒乃至移植西方現代學術話語和研究範式的過程中，逐漸建立中國現代學科，使中國的學科門類迅速擴展。一時間，新舊更迭，中西交流，百花齊放，萬壑争流，開創了中國現代學術的源頭。

伴隨知識轉型和研究範式轉换而來的，還有學術著作撰寫方式的創新。中國古代的著作向來以單篇流傳，經後人整理匯編後，方以成册成集的面目出現并持續傳播。直到十九世紀末，東西方的歷史編撰體裁不外乎多卷本的編年體、紀傳體和紀事本末體等，章節體的出現標志着近代西方學術規範的産生和新史學的興起。章節體具有依時間順序，按章節編排；因事立題，分篇綜論；既分門別類，又綜合通貫的特點。以章、節搭建起論述之框架，結構分明，邏輯清晰，較傳統的撰寫體裁容量大、系統性强。它的傳入，使中國現代學術體系從内容到形式被納入了全球化的軌道。民國時期專題史的研究、譯介、編纂、出版恰恰是在這樣的背景下欣欣而發，是學術的實驗場，也是歷史的記録儀。編選『民國專題史』叢書的初衷正是爲了從一個側面展示中國學術從傳統向現代過渡的歷史進程。

專題史是對一個學科歷史的總結，是學科入門的必備和學科研究的基礎，也是對一個時代艱深新鋭問題的解答，是學術研究的高點。民國專題史著作中，既包含通論某一學科全部或一時代（區域、國别）的變化過程的，又囊括對一時代或一問題作特殊研究的，還有少部分是對某一專題的史料進行收集的。原創與翻譯并重，翻譯的底本大多選擇該學科的代表著作或歐美大學普及教本，兼顧權威性和流行性，其中日本學者的論著占據了相當比重。日本與中國同屬東亞儒家文化圈，他們在接納西方學術思想和研究模式時，已作了某種消化與調適，從思維轉換的角度看，更便于中國借鑒和利用，他們的著作因而被時人廣泛引進。

與當代學術研究日趨專業化、專門化、專家化的『窄化』道路迥乎不同的是，中國傳統學術崇尚『學問主通不主專，貴通人不尚專家』的通識型治學門徑，處于過渡轉型期的民國學術在不同程度上保留了這種特徵。民國學術大師諸學科貫通一脉，上千年縱横捭闔之功力自不待冗言，外交家著倫理政治史、文學家著哲學史、化學家著戰争史等亦不乏其人，民國專題史研究呈現出開放、融通、跨界撰述的特點。與此同時必須看到，自晚清以來，中國的命運就在外侮屢犯、内亂頻仍的窘境中跌宕彷徨，民族存亡仿若命懸一綫。這股以創建學科、總結經驗、解決問題爲指歸的專題史出版風潮背後，包裹着民國學人企望以西學爲工具拯民族于衰微的探索精神，及以學術救亡的愛國之心。梁任公曾言：『史學者，學問之最博大而最切要者也，國民之明鏡也，愛國心之源泉也。』這種位卑未敢忘憂國的歷史使命感和國民意識是今人無法漠視和遺忘的。

『民國專題史』叢書收録的範圍包括現代各個學科，不僅限于人文社會科學，學科分類以《民國總書目》的分科爲標準，計有哲學、宗教、社會、政治、法律、軍事、經濟、文化、藝術、教育、語言文字、中國文學、外國文學、中國歷史、西方史、自然科學、醫學、工業、交通共19個學科門類。本叢書分輯整理出版，内不分科，單本發行，方便讀者按需索驥。既可作爲大專院校圖書館、學術研究機構館藏之必備資源，也可滿足個人研讀或興趣之收藏。

與目前市場已有的一些專題史叢書相比，『民國專題史』叢書具有規模大、學科全、選本精、原版影印的特點。本叢書選目首重作者的首創、權威和著作影響力，尤其注重選本的稀見性。所謂稀見，即建國後没有再版，且多數圖書館没有收藏，或即便有收藏，也是歸于非公開的珍本之列予以保存，普通讀者難以借閲。部分圖書雖有電子版，但作爲學術研究的經典原著讀本，紙質版本更利于記憶和研究之用。本叢書精揀版本最早、品相最佳的原版圖書作爲底本，因而還具有很高的版本收藏價值。

『民國專題史』的著作是民國學者對于那個時代諸問題之探究，往往有獨到之處，無論其資料、觀點短長得失如何，要之在中國現代學術史的構建與發展進程中，自有其開宗立論之地位。

目次

近世社會思想史

第一章 緒論

今日我們常常聽到什麼社會主義、共產主義、無政府主義等等名詞。可是社會主義究竟是什麼，無政府主義究竟是什麼，這些問題，大多數人却還不很明瞭。原來所謂名詞，是我們底思想或感情底媒介者，頗有重要的作用。不過向來不很聽慣的名詞，若成爲一種流行語，似懂非懂地被使用着時，便往往要誤傳它原來所有的意義。在這種時候，該名詞便不是正確傳達思想或感情的工具，反成了誤傳思想或感情的工具。其結果就是使人們對於該名詞所表現的思想或感情發生誤解，或加以不當的非難，或發生無謂的恐懼。社會主義、共產主義、無政府主義等名詞，也不能逃出此例。尤其以我國爲甚。在十幾年前，甚至於幾年前，還絕對不許使用社會主義等名詞。說絕對不許，固然稍爲有點過份，但是能够使用這種名詞的，大概只限於大學講堂、研究雜誌或學者著述。而且在多數場合，還是用來非難社會主義等東西的。在別方面，政府當局却非常嫌惡社會主義的思想和社會運動，很熱心地努力把『社會主義是洪水猛獸』這種偏見灌輸到一般國民底頭腦之中，作爲壓迫社會主義的方法。這種努力底効果，就是使一般國民一提起社會主義就認爲罪惡，一談及無政府主義者就好像是強盜或殺人犯。

因此，許多人對於社會主義或無政府主義等名詞，抱有一種偏見或先入爲主的成見，很不容易去掉。不消說，到了今日，社會狀況已起了一種很大的變化，和以前大不相同，什麼社會主義或無政府主義，已經可以在報紙上或雜誌上堂皇討論，不僅那反對者，就是辯護者和主張者，也已有多數人出來，甚至於從事實際運動欲實現這種思想的熱心運動家，也已不斷地增多，因之那種頑固不化的抱有成見的人好像已經逐漸減少。可是細細考察起來，事情決不這樣簡單。因爲社會主義或無政府主義底思想和運動越旺盛，那反對的思想和運動也越旺盛，因之那種比以前更強的偏見宣傳得更廣。我們必須認定：社會主義或無政府主義底思想和運動一旺盛，那反對的偏見便強固化。

倘若我們站在大公無私的立場上來觀察，便使我們不能不相信社會主義或無政府主義底思想和運動，今後不但不會衰滅，反而只有日益旺盛，有人說社會主義或無政府主義，只是一時的現象，不久便會消滅。這種人，只能說是自己安慰自己的人。他們因爲不懂得什麼是社會主義，什麼是無政府主義，所以才這樣亂說。他們如果懂得社會主義和無政府主義是什麼，因什麼理由而發生，便可以知道，社會主義和無政府主義決不是一時的流行思想，也不是馬上會消滅的。我在這里，並不想說明這種道理，等後面再去詳說。這里我只想指出一件事情，就是社會主義或無政府主義底思想和運動，對於我們底社會生活具有重大的意義。只要是一個現代的人，便不能不明白這些社會思想。

如前面所述，關於社會主義、共產主義、無政府主義等名詞，附有很多偏見；所以我須先來說明這些名詞底意義。

原來人類決不能自己一人營孤獨的生活。無論何人，都須和別人保持着一種關係，才能生活。換句話說，人類是營社會生活的。當多數人營社會生活時，放任多數人自由行動，社會生活也能圓滿進行嗎？換句話說，不用權力或法律來命令或禁止人應做什麽，不應做什麽，那各人底生活及社會底生活，也能平和地圓滿地得到幸福嗎？或者要使各人底生活能夠平和地圓滿地得到幸福，必須有一種權力或法律存在來干涉各人底行動嗎？關於這一點，有兩種思想：一種是認權力和法律對於社會生活不但沒有必要而且是有害的思想；另一種是認權力和法律是必要的思想。換句話說，前者以沒有法律強制的社會爲理想，後者以具有法律強制的社會爲理想。前者就是無政府主義的思想。

在那認社會生活中必需法律強制的思想之中，又得依那法律如何規定財產爲理想，大別爲二種：一種認財產應歸各人所有，另一種認財產不應歸各個人所有，應歸社會或國家所有。前者稱爲私有財產主義，後者叫做集產主義。

在集產主義之中，又得因那以何種財產應歸國家或社會所有的意見不同，分做三種思想：共產主義、社會主義和農業社會主義。我們在未說明這三種主義底區別以前，應當先記明生產財和消費財，及財產所得和勤勞所得底區別。

經濟學上分財（又名經濟財）爲二種：用來直接滿足我們欲望的財，叫做消費財；用來生產此種消費財的，叫做生產財。生產財是生產消費財的手段，在這意義上，又可以叫做生產手段。舉例來說：衣服是用來防禦寒暑的，所以是消費財；織物機器或織物工場是用來生產織物的，所以是生產財。

其次，我們要問財產所得和勤勞所得底區別，究竟怎樣。我們獲得所得（即收入）的方法只有兩個：一個方法是領有所謂動產和不動產，租借給別人或投資於事業，以地租、利息、利潤等形式取得收入；另一個方法是提供我們底肉體的或精神的勤勞給別人，以工錢或薪水的形式取得收入。把自己領有的土地租給佃戶以取得租費，或把自己底金錢投資於某種事業以取得股息，這種租費或股息，就是財產所得；因受雇於工廠而取得工錢若干，或因服務於官廳而取得薪水若干，這種工錢和薪水，就是勤勞所得。我們如果要問區別這兩者的最大的特徵是什麽，那就在於一個是由自己勞動所得的，一個不是由自己勞動所得的這一點。例如那投資於某一公司領有該公司股票的人，只要該公司底事業興旺，他自己卽使在家裏安睡，或赴溫泉遊耍，也能取得股息，卽能得到收入。可是該公司所雇的勞動者便不能這樣，他只有在勞動的日子，才能取得工錢，若因疾病或其它原因而不能赴公司時，便不能得到工錢。因爲勞動者取得收入，專靠勞動；不問由於什麼理由，若不勞動便不能得到收入。這是勤勞所得底特徵。

生產財和消費財，財產所得和勤勞所得底區別，大概如此。那麽所謂共產主義，究竟是什麽呢？就是一種主張生產財和消費財都歸社會或國家所有的主義。再從所得方面看來，財產所得固然是不承認，就是勞動所得也不承認；它是一種普遍地不認個人所得的主義。在共產主義中，一切生產財都歸社會或國家所有。何種財物應該生產幾多，概由社會或家家決定；像今日社會中所見的那種由自己任意來生產任何有利自己的商品的個人企業家，是完全沒有的。不僅如此，就是所生產的財物，不論是那一種，應該消費幾多分量，也要由社會或國家來決定，不能由各人任意決定。簡括地說，生產和消費，完全爲社會或國家所左右。再從所得一點來看，在共產主義中土地工場機器等一切財產，都歸社會或國家所有，那生出財產所得的財產，一點也沒有留在個人手裏，因之便沒有財產所得。其次，勞動或勤勞，已成爲課與一切人的義務，無論何人，只要有勞動的能力，無例外地必須從事勞動，因之對於勞動，也不能有特別的工錢或薪水，即勤勞所得也不存在。從別一方面看，那時也沒有這種個人所得的必要。因爲在共產主義的社會或國家中，只要勞動，社會或國家便會給與他以滿足其欲望所必要的消費財，即其生活得有完全的保障，所以一點也沒有所得的必要。在共產主義中，個人底精神生活（如教育等）究竟怎樣，或不能勞動者底生活究竟怎樣，這些問題等後面去說。這里，我們只消記得共產主義主張生產財和消費財都歸社會所有，不許財產所得和勤勞所得那種個人的所得存在。

社會主義和共產主義稍有不同。社會主義主張生產財歸社會或國家所有，消費財歸個人所有。其次，財產所得，雖不許存在；但勤勞所得，却容許存在。何種財物應該生產多少，雖完全由社會或國家來決定；但何種財物應該消費多少，却完全讓各人自己去決定。

因爲生產財收歸社會或國家所有，故不能有所謂財產所得存在；但各人提供勤勞，都能取得一定的工錢或薪水，即有勤勞所得存在。用這種所得購買何種財物來消費，是各人底自由。在社會主義中，沒有個人企業家存在，這一點是和共產主義相同的；可是有一點却和共產主義不同，就是社會主義並非由社會或國家來分配消費財給各人，乃是要各人靠自己底力量去獲得消費財的。這時，獲得消費財的手段，不能再用財產所得，因爲這里已沒有財產所得的存在；無論如何，只有用勤勞所得去獲得消費財，所以不能不勞動。「不勞動者不得食，」這是共產主義底原則，同時也是社會主義的原則。因此，我們對於社會主義，可以下這樣一個定義：它是一種主張把生產財收歸社會或國家所有的主義。

最後又要說一說農業社會主義是一種什麽東西。它是一種主張把生產財中的土地收歸社會或國家所有的主義。此外的生產財及消費財，概讓個人私有。因之從所得方面看來，只有那由土地而生的所得（即地租）歸於消滅，其它的財產所得，依舊存在。勤勞所得底存在更不消說。這實在和今日的資本主義沒有什麽大異，只有土地歸社會或國家公有，只有農業歸社會或國家來經營。因此，又可以叫它爲土地社會主義。

以上已經大體說明了社會主義、共產主義、無政府主義底意義，現在還有一件必須說明的重要事件。這就是空想的社會主義和科學的社會主義底區別。這個區別，由馬克思和昂格斯所提出；他們稱他們以前的社會主義爲空想的社會主義，稱他們自己的社會主義爲科學的社會主義。我們要問，空想的社會主義究竟是什麽呢？空想的社會主義底特徵，在於認定社會主義的人類生活底理想。以爲社會主義最適合於社會底正義，我們必須以此爲理想努力求其實現。換句話說，就是以爲社會主義是好的，並能由人類底努力而實現。反之，科學的社會主義，主張社會主義無所謂好壞，它是人類社會發達底必然結果；不管人們歡喜它努力求其實現也好，嫌惡它設法妨礙其出現也好，它總是必然要到來的，社會主義底到來，是歷史所告訴我們的。舉例來說：空想的社會主義，以爲河水入海是河水底好處，我們必須努力使河水入海；科學的社會主義却主張河水入海並非因爲人類底意志，河水決不問人類底努力如何，它只依照水底本性，必然地流入於海。這個例子，也許有些不妥當；不過兩者有一種差異，前者認河水入海是希望的事，後者認它是當然的事。然則爲什麼稱前者爲空想的呢？就是因爲馬克思和昂格斯以前的人，不能發見關於社會主義實現的強固的根據，只能自作聰明地在頭腦中構成未來社會的想像國，便以此爲理想而向人宣傳，以爲這樣便可以實現社會主義。總之，他們所主張的，並沒有什麼科學的根據，無異一種空中樓閣，所以說它是空想的。但是一到馬克思和昂格斯時，情形就大不相同，他們先以科學的方法詳細研究了從來的歷史，然後主張將來不能不達到社會主義，所以他們底主張，根柢上橫有強固的科學的根據。自然科學者，把水底本性研究明白了，才主張河水流入於海；恰恰與此一樣，馬克思和昂格斯，他們把歷史底本性研究淸楚了，才主張社會主義的時代一定要到來。因此，說他們底主張是科學的。關於這兩者底區別，後面還要再詳細說明。

還有所謂私有財產主義，就是主張我們現在所住的社會狀態是永久不變的，並且以此爲理想的制度；這是我們大家向來所知道的，不用詳細說明。私有財產主義和建築在它上面的資本主義究竟是什麼東西，關於這件事，等我們叙述科學的社會主義時再去說它。

第二章　空想的社會主義

現在我想先說空想的社會主義。如前面所述，所謂空想的社會主義，就是指馬克思以前的一切社會主義思想（更嚴密地說，馬克思以後的社會主義思想中，凡不依據所謂唯物史觀的思想，也可以說都是空想的）；不過我在這里，却沒有工夫論述這種思想底全部。我這里只能提出三個人來敘述，就是法國底聖西門和傅利葉及英國底歐文；因爲他們三個人，通常稱爲空想的社會主義底三大代表者。

一　聖西門

聖西門（Saint Siman）生於一七六〇年，爲法國一貴族底兒子。離今（一九二八年）一〇一年前，與世長逝。聖西門經過波瀾極多的生涯。他依伯爵家底傳統，十六歲時加入陸軍；當美國獨立戰爭時，他爲自由加入獨立軍，幫助美國底獨立運動。戰爭告終之後，他作出開鑿巴拿馬地峽以闢運河的計畫；歸法之後，他又計畫在西班牙開鑿今日的馬得利得運河。就是說他不久離開軍隊，成爲偉大的企業家，計畫實行那種驚倒世人的大事業。可是一七八九年的法蘭西大革命，使聖西門底家境起了一大變化，革命政府把他家裏所有的土地財產等全部沒收，弄得他變成一錢莫名的人。但是他卻能夠乘着革命的混亂，伸手於股票生意，獲得一攫千金的幸運。後來，因爲他在事業上做出某種不正當的行爲，以致被關在牢獄裏。然而他底生涯，並不以投機業者而終。如果是這樣，那麼他也一定和多數世人一樣，葬送於世界底一隅罷了。他底生涯，到了十九世紀底開始，便忽然起了一大變化。從此以後的聖西門，便專心致志地埋頭於下面這個問題：即平和的幸福的新社會，應該建築在何種基礎上？他開始研究這個問題時，其年紀正是四十歲。對於我們有興味的，就是從此以後的聖西門。他爲了研究這個問題，耗費了他底全部財產。到了一八〇五年他又成爲一錢莫名的人，有時爲獲得第二天的麵包，不得不出賣其重要的書籍，有時做一個書記，一日工作十六小時，才得勉強維持生命。因此，過勞之餘，以致咯血。雖在這種狀況之下，他底研究依然一點也不停止。有時寄居於曾爲自己僕人的人底家裏，不久，那人死了，又陷於窮境。可是越陷於窮境，他的研究心越益強烈，他對於自己學問優越的確信，也越益堅固。後來，他底研究底結果，漸漸爲世人所認識，他底門徒也漸漸出來；到了一八一四年以後，由一銀行家底好意，保證他底物質生活。以後繼續做研究工作，至一八二五年去世。

聖西門是一個富於熱情的人，而且名譽心和自尊心都很強烈。他做小孩子的時候，每天早晨命他底僕人高叫『伯爵醒來，你須做偉大的事業』以促起自己早起，是有名的話。他在後年處非常逆境的時候，有一夜夢見其祖宗卡爾大帝出現，告訴他說：『我家已出了我這樣偉大的政治家，現在正是我家應出偉大哲學者的時候，你便應該做一個偉大的哲學者。』據說因此，他底研究心越益強固起來。一八二五年六月十九日，他自己覺得將臨終時，呼集其門徒到他枕邊吩咐遺言之後，最後向他最愛的一個門徒，教訓如下的話：『我們要做偉大的事業，切不可忘記必須有常常充滿感激的心。』『未來是我們的』一語，就是他最後的說話。聖西門底爲人及其事業，就表現於這種逸話和片言隻語之中。我們可以在這當中尋出一些教訓。

以上關於聖西門底生平及其性格，已經約略地敘述了。現在當進一步去窺視他底社會思想。

聖西門開始爲社會改造做科學的研究，是他實際目擊並體驗那法國革命及其後社會混亂的結果。他首先要想究明這種社會混亂，人類生活中不斷招來不幸和悲慘的現象，究竟由於什麼原因。他研究底結果，發見了社會混亂底原因在於自由或自由主義。如我們所已知道，法國革命的旗印上，寫着『自由、平等、博愛』三個口號。法國革命底結果，這三個口號，究竟完全實現了沒有？沒有完全實現，只實現了『自由』一個口號；那平等和博愛，好像完全被忘記了，在那革命後造出的新制度上，一點也沒有現出。那革命底唯一勝利品——自由，在聖西門看來，以爲是有害無益的東西。據他所說，當時的法國人，關於所謂自由的觀念，只有很幼稚的見解，他們以爲自由就是各人可以任意做什麼事，對於自己以外的一切，都可以當作自己底手段。因此，社會便沒有秩序，沒有組織，現出所謂『萬人對萬人戰鬭』的狀況，各人底生活都變爲悲慘痛苦。固然自由這觀念也不是絕對不好的。自由這觀念，也是有過大用的觀念，不過用作破壞的工具罷了。推倒法國專制政府的是什麼？傾覆魯易十四底暴虐政府的是什麼？那就是自由——自由的欲求。所以自由若用爲破壞舊制度的工具，便是一個很有力的武器。可是自由若用爲建設新社會制度的工具，便一點沒有用處了。推倒魯易十四後的法國底狀況，顯然證明了這件事實。原來社會或國家中，絕對需要一定的秩序或一定的組織。而所謂秩序或組織，是不許各人任意行動的，就是在某種意義上要束縛各人底行動。這和當時法國人所抱的自由觀念不能相容。——聖西門抱着這樣的見解，所以達到如下的結論：以爲要使今日法國底社會生活得到平和與幸福，最要緊的是組織。

那麽他以爲何種組織是最好的組織呢？在沒有知道這事以前，我們必須先知道他認人類底生活中，什麽東西最爲重要。他以爲人類底生活中，最不可缺少的是物質；物質底豐富，是使我們生活幸福的第一個必要條件。因之那種從事使物質豐富的人，是社會和國家中最有用的人。依聖西門底用語，便是『產業階級』。這個產業階級——這個對於社會生活最有用的產業階級，掌握社會底實際力量，指導產業，使物質豐富起來，這就是最好的組織。聖西門所抱的理想社會的意見，大體就是這樣。現在再稍爲詳細地說明一下。

聖西門所說的產業階級，指的是什麽人？據他所說，所謂產業階級，就是爲生產財物而勞動的人，或爲供給那滿足社會各成員底欲望及需要的財物而勞動的人。收穫穀物飼育家畜的農夫是產業者。鐵匠、木匠、瓦匠、鞋匠、織物製造者以及商人水手等，都是產業者。他們都是屬於產業階級的人。產業階級，由農民、手工業者和商人三部分構成。聖西門底意見是如此。這里有一件必須注意的事，就是他所說的產業階級一觀念，是很廣汎的觀念，和今日我們所說的勞動階級一觀念，決不一致。我們今日所說的勞動階級，是指那種依工錢契約賣勞動力給雇主，取得勞動力底代價工錢，作爲自己生活底唯一資料的人。因之所謂勞動者，便具有兩個條件：一個是自己沒有經營事業的資本，另一個是替別人勞動。所以用自己資本去生產財物或賣買商品的人，決不是勞動者。然而聖西門所說的產業階級之中，却包含着這些人。現在手工業者，差不多已經沒有存在了，卽使還有存在着的，其社會的意義也已經不重要了，不足成爲問題。可是商人，却大多數是財主，卽所謂資本階級或資產階級，和勞動階級利害完全相反。然而聖西門却不以這兩者爲利害相反的階級，他以爲這兩者有共同的利害，應該以貴族、法律家、軍閥等遊惰的支配階級爲他們共同的敵人，一致地去反對。這是因爲當時資本主義還沒有旺盛，資本家還沒有爬上掌握國家權力的地位，而且今日所說的勞動者數目還不很多，所以映在聖西門底眼中，把農民、手工業和商人認爲一個階級。還有一件不應該忘記的事情，就是當時有貴族、法律家、軍閥等不勞動的人（卽對於社會不做實際貢獻的人）站在支配階級的地位作威作福，而產業階級却處於被支配階級的地位受苦這種社會底實況，活現於聖西門底眼中。——總而言之，聖西門不使用勞動階級一名詞，雖然好像令人有不足之感，然而當時社會還沒有發達到足以使勞動者成爲一個階級，實在是無可如何的。

那從事社會生活中不可缺少的任務的產業階級，在法國革命後的社會中，處於被支配者的地位，如我們前面所述。革命雖然剝奪了貴族僧侶等以前的支配者的地位，然而起來代爲支配者的，却是那些除了大言壯語外一無所能的職業政治家和播弄毫無根據的理論的法律家（聖西門把他們和實證論者對立，嘲爲玄學論者）。這種情形，不能不說是完全主客顛倒的社會。不勞動的人支配，勞動的人受支配。這樣不合道理的事情，實在不應該存在。我們應該希望的社會，必須是勞動的人支配，不勞動的人受支配的社會。就是必須產業階級昇上社會底最高地位。只有他們，才配掌握支配的權力。社會這樣組織起來，才能得到幸福與平和。——這是聖西門底意見。

到了產業階級站在社會底最高地位時，又必然要發生一個疑問——即握有產業上及政治上的最高支配權的是誰？——聖西門回答道：是銀行家。他選取銀行家的理由，是因爲銀行家掌握着一切產業活動都不可缺少的資金底融通。因此，銀行家最熟悉產業底實況。從事範圍最廣的工作的人，應該掌握最高的權力。從事一切產業的人，都在銀行家支配之下協力擔任財物底生產，所以社會中便不會有什麼生產力底浪費，人們底幸福便能夠大大地增進。

銀行家在未來社會中握有最高的權力，有沒有濫用其權力之虞呢？如果銀行家濫用其權力，那就會墮落到聖西門所最厭惡的專制政治。關於這一點，他以爲鼓吹新基督教底精神，便能夠防止權力底濫用。他所說的新基督教底精神，就是『各人都應認一切他人爲兄弟』。他以爲這個精神若成爲指導一切人底行爲的精神時，那種人害人、或人掠奪人的事情便會息滅。——這新基督教的思想，與前述的產業主義的思想，並存於聖西門底思想之中。他底產業主義的思想，可以叫做物質改造的思想；新基督教的思想，可以叫做精神改造的思想。近代社會思想，可以因對於這物質改造和精神改造，側重哪一方面，而分爲種種的派別；然自馬克思以後的社會主義，大體都看重物質的改造。聖西門底思想中，頗重視精神的改造，是値得我們注目的；他底主張被稱爲空想的一個理由，便在於這一點。關於這一點，後面所述的歐文底思想中，也是這樣；歐文也是一個相信由精神的改造可以使社會良好的人。

其次，聖西門對於私有財產，抱着什麽意見？他明白認識私有財產制度不是永久不變的東西，它不能不適應社會底進步而起變化。不過他關於私有財產制度在未來社會中會起怎樣的變化，却沒有明白敍述。他只說過這樣的話：私有財產應當用來謀社會全體底利益，決不應該只謀一部分人底利益；財產底所有者，應該利用他底財產做有益社會的事業。所以聖西門決不是否認私有財產制度，他只主張財產所有者應當把他底財產用於有益社會的事業，把財產所有者看做財產管理者。也有人說，從他不否認私有財產（卽不主張共有財產）一點看來，他不能說是社會主義者。據這種人所說，社會主義之所以爲社會主義，完全在於主張財產（尤其是生產財）共有這一點；所以不主張財產共有的人，便不是社會主義者；聖西門不主張財產共有，所以他不是社會主義者。然則通常認他爲空想的社會主義者，把他算入社會主義者當中，又是什麼緣故？那是由於別的理由，就是因爲聖西門底弟子們後來主張財產共有，所以連聖西門也算入社會主義者之中。這種說法也有多少理由，所以我在下面還要說一說聖西門底弟子，特別是巴薩爾(Bazard)和恩芳汀(Enfantin)底思想。

聖西門所提倡的原則之中，有一個『各盡所能，各取所值』的原則。巴薩爾和恩芳汀，依這個原則做出如下的結論：——在今日這樣承認私有財產制度的社會中，有財產的人比無財產的人，常能占着有利的地位；無論怎樣愚蠢的人，只要他有財產，便常被重用；反之，無論怎樣聰明的人，若無財產，多半不能不屈於不幸的地位。這種情形，實在大背於『各盡所能』的原則。其次，有財產的人，可以不必生產什麼，過着放蕩遊惰的生活；反之，無財產的人，必須常常從事勞動，而且其勞動所生產的東西，又大部分爲有財產的人所收取，或以地租的名義，或以利息的名義。因之勞動者便不能不常常苦於貧乏。這種情形，又和『各取所值』的原則正相反對。所以要實現上述的原則，則一切非由勞動所得的財產（由勞動所得的財產自當別論）都應歸社會共有；要達到共有的目的，便須廢除遺產承繼制。偶然生於有財產的人家，不消勞動便能承繼巨大的財產，實在是很不公平的事；所以遺產一律應該由社會來沒收，不許有不勞而得的人存在。這是他們底主張。

最後，聖西門底思想之中，在社會主義底思想史上還有一種不應看落的，就是他抱有階級鬭爭和唯物史觀的思想。階級鬭爭和唯物史觀的思想，在馬克思底思想中占很重要的地位，爲馬克思思想底中心。有人說馬克思這個思想是承繼聖西門的。這事，我們此刻且不去說它。

二　傅利葉

把空想的社會主義底特色表現得最鮮明的，是傅利葉。傅利葉 (Francois Marie

Fourier）和聖西門一樣，是法國人，年代也幾乎相同。他生於一七八二年，死於一八三七年。生於同一時代和同一國家的這兩個空想的社會主義者，一生互不相知，實在可說是一件奇怪的事情。我們先就傅利葉底生平簡單地說一說。他和聖西門及後述的歐文不同，極平凡地過了一世，沒有什麼豐功偉績可述。他生於商人之家，不能受完備的學校教育，在青年時代做商店學徒學習商業，父死之後，承繼父業自營商業，不幸失敗重重，不能支持，遂做一經紀人底店員，取得微薪以終其身。他底經歷，簡單如此。然而他常為社會改造的熱情所燃燒，不怠研究改造的方法。他底研究底結果，做成幾種著作，出現於世。我們看了他這些著作，便可以大體窺知他底人物或性格。他一方面是銳敏的批評家，別方面是奇特的空想家。當他研究過去論述現在時，誠然可說是一個銳利明快的批評家；可是一旦論及將來的問題，他那種滑稽可笑的奇特議論，便到處流露，幾乎要令人懷疑到他底頭腦是否健全。譬如，在傅利葉所理想的未來社會中，人類底壽命平均可以延長到一百四十四歲；獅子可以為人所騎；鯨可代人拖船；河馬，狼等，變成人類底順奴；海水會失去鹹味，化爲香氣撲鼻的液體；南北兩極，變成溫暖肥沃的土地：——這一些事情，他竟認眞老實地主張。這樣的主張，當做故事來說，雖有些趣味，但從我們底立場來說，只可付之一笑。可是我們若因傅利葉底思想中，包含着這種夢想，便以爲他底思想全體都無價值，捨棄不顧，那就無異混同瓦玉爲一了。我們可以在他底思想之中，發見許多可學的東西、

現在再說一個關於他的逸話。他年幼時，有一次向那到他們店裏來買物的顧客，明白告訴那物品有些損壞，後來大爲父親所責。他當時這樣做，不過遵守小學校裏先生所常教的話——說做人應該誠實，應該正直；所以他不能懂得他底父親爲什麼要怒責他。後來，年紀稍大，他又經過同樣的經驗。那就是當法國發生大饑饉，米價非常高貴，貧民無從得食的時候，他親眼看見馬爾賽港有人把爛米投入海中。這些米，就是因爲過於久等米價高漲而腐爛的。因商人底貪慾心，引起這個結果。他由這些經驗，痛切地咒罵商業制度。他因此變成了社會主義者。實際生活中的經驗，可以左右人底思想，是無可疑惑的眞理。傅利葉便是以事實證明這眞理的一人。

前面，我曾經說過傅利葉是一個銳敏的批評家，同時又是一個奇特的空想家。現在我們且先來看一看批評家的傅利葉。

據傅利葉底意見，社會中有兩種人，一種是參與財物生產的人，一種是不生產財物只消費財物的人；後一種人，他稱爲社會底寄生蟲。可以算入寄生蟲之中的人，有許多種類。女子、兒童、僕婢、海陸軍人、稅務官吏、商人及其夥伴、辯論家、賭棍、乞丐、紳士、囚犯等，都是寄生蟲。這些寄生蟲，都有害於社會生活，其中尤以商人爲最有害的寄生蟲。他關於商人，竟說這樣的話：——商人介在生產者和消費者底中間，掌管商品底流通；但他們並不正當地盡其任務，只以幫助所謂社會的身體底血液循環爲口實，實在是吸取社會之血的吸血鬼。商人，從生產者方面看來，是要求贖身金的海賊；從消費者方面看來，是佈網吸蒼蠅血的蜘蛛。商人底起源是海賊，曾經以暴力搶奪商品。他們現在雖然已經不用暴力，但仍用欺瞞的手段來奪取利益。欺騙隱瞞，在一般社會雖認爲不名譽的事，但在商人社會却看做一種商業道德。而且商人底種類逐漸增多，有經紀人、批發人、零賣人等各種商人努力強奪利益，因之商品底價格便大大地騰貴。——傅利葉這樣地以激烈的言語批評商人及商業。我們雖不能無條件地贊成這些說話，但總得承認它包含着許多眞理。

其次，他還沒有看落下面這種事實：一般產業界沒有一點組織和秩序，各個企業家，專爲滿足自己貪得無厭的利己心來經營事業，現出一種無政府的狀態，其結果，一方面發生領有大資本的人底獨占，別方面產生小企業家衰落、勞動者生活悲慘的事實。產業雖大發展，財富底生產雖達到空前未有的豐富，然大多數國民，却依舊不能不苦於貧困之中。他特別關於勞動者，說這樣的話：——工廠裏的勞動者，與奴隸沒有一點兩樣，他們一起關在檻中，被那和他們獨立的機器所使用；又因爲工作單調，他們底身體和精神都很受損傷；他們從一月二日起至十二月卅一日止，每日辛苦工作十六小時，而他們所得的報酬便是貧乏。爲什麼他們會貧乏呢？因爲他們不斷地陷於失業。那麼失業爲什麼發生？那是以世界的規模來行分工的結果。譬如在亞美利加，裝飾品底使用一減少，馬上會使幾百千個法國勞動者陷於失業和貧困之中。更不好的事，就是企業家利用勞動者底失業，越益減低其他勞動者底工錢，使貧乏更加厲害。而國家底法律，又幫助有錢的人，所以富者越富貧者越貧。

傅利葉又對於政治下批評。法國革命底標語之中，有『人民主權』一語。所謂人民主權，是什麼意思？簡單地說起來，便是：這樣所謂主權是國家中最高的權力，它能夠支配命令國家內所居的一切人。那麼這種強大的主權是怎樣產生，怎樣成立的？依據人民主權說，它是國民互相約束作出來的，有了國民，才有主權。主權底來源，就是國民（卽人民）自身。總之，主權是人民所賦與的，所以眞正主權者，只有人民。這人民主權的思想，是因反對以前那種以爲主權是神所賦與的最高權力，任何國民都不能問它好壞，必須絕對服從主權底命令的思想而起的，是指導法國革命的思想之一。當時的人，非常感激這個思想，以爲只要把這個思想表現於法律之中，人們底生活便馬上可以改善。現在我們且來看一看傅利葉怎樣批評人民主權說。他以爲人民卽使事實上是主權者，然在今日這種財富充滿的社會中尙須過着無財產、無麵包、無衣服的悲慘生活時，所謂人民主權論，不過是言語的遊戲罷了。傅利葉勸人們不要爲這種美言所欺，必須實際上努力改善人們底生活。無論名義怎樣好聽，單靠名義決不能改善我們底生活。即使取得正一位勳一等公爵，若無穀米衣服，也只有凍餒而死。今日人們之所以感激正一位勳一等，是因爲它還能附帶地取得年金、恩給及其它種種特權。如果取得了正一位勳一等而不能取得年金、恩給或特權，便不會有人感激了。然而當時的法國人，却沒有覺悟到這一點，大家都亂說主權者，空高興得了不得。他們不覺得自己底生活是很悲慘的。這一點實在是被傅利葉罵倒了的。

批評家的傅利葉大概如此。現在再來敍述空想家的傅利葉底思想。

傅利葉底未來社會論，建築在下面這個根本思想上：即以爲宇宙中根柢上有一個神所賦與的大調和。原來社會中應該有調和，但現出今日這種混亂狀況的，究竟由於什麼理由？他發出這樣的疑問，又自己回答道：那是因爲人們還沒有知道支配社會的法則；

只要人們一旦明白了這個法則，社會便會變成那本來的有調和的社會。他以爲他自己是神底門徒，爲向世人傳授這個法則而出世，他自己便是承受神意的救世主。那麼他相信可以使社會產生調和的法則，究竟是什麼東西呢？

他說：人類具有許多慾望；這些慾望，都是神給與人的東西。神是願欲人類幸福，不是願欲人類不幸的。神又願欲社會調和，不欲社會混亂。人類底慾望，是這種願欲調和幸福的神所給與的，所以慾望應向其本身的調和與幸福來起作用。這是宇宙底大法則。可是世人現在還沒有曉得這個法則，把人類底慾望看做不好的東西而加以抑制，或造出那妨礙慾望發動的社會組織，以致社會混亂，個人生活陷於不幸之境。只要除去這種努力和這種社會組織，社會生活便能調和，個人便能幸福。我們所應當努力的，不是什麼訓練個人慾望或陶冶個人幸福，而是在於深刻覺悟人類生來具有的慾望才是調和與幸福底根源，並改造那種妨礙慾望發動的社會組織。以爲要造成幸福的社會，必須先改造人，這種思想是非常錯誤的。只要解放一切慾望，調和與幸福，自然會產生。這是傅利葉底根本思想。

解放人類一切慾望，產生調和與幸福的社會，應該具有怎樣的組織？傅利葉寫出理想社會底想像圖，來答覆這個問題。

傅利葉底理想社會，以『法郎其』（Phalange）爲單位來構成。所謂法郎其，是一個共產的團體生產與消費並行，由一千五百人至二千八人組成這個團體，以一個大建築（名爲『Phalanstere』）爲中心，其周圍有一定廣闊的土地及其附屬的房屋。那大建築好像一個大旅館，其中除團員各自底居室之外，還有公共的食堂、客廳、閱書室、娛樂室、奏樂室、演劇場等，屬於那法郎其的人，共同消費，共同享樂。只要消費和享樂共同舉行，我們底生活便會很經濟地進行。例如膳食，各家族各自置設廚房來調理食物，和多數家族聯合起來設在一個公共的廚房來一起調理，兩者比較起來，無論在費用之點或勞力之點，都大不相同，那是不待言的。

在傅利葉底理想社會中，這消費方面，固然値得注目，然更應該注目的，還是那生產的方面。生產怎樣組織起來？就是在一個法郎其之中，經營着一切種類的產業；果樹穀物底栽培，固不用說，凡生產人類生活必需品所需要的工業，一概經營；有織物工廠，有製鞋工廠，有木工底作場，有鐵工底工場，諸如此類。法郎其是自給自足的經濟單位，它不受別的法郎其底商品供給，只以自己的法郎其來生產一切必要的物品。屬於同一法郎其的一千五百人至二千人，大體趣味嗜好相同的五人至七人成立一組；大體實行類似工作的若干組，再形成一部；這些部集合起來，形成一個法郎其：其組織如此。例如有栽培果樹趣味的人，成立一組來工作；栽培果樹，栽培穀物等組，聯合成爲一部。不過那加入栽培果樹組的人，決不是永遠必須單做栽培果樹一件工作。傅利葉以爲要使勞動愉快化，必須常常改變工作。因此，他主張只在一定的時間，做一定組底工作，在別的一定的時間，又可以做別組底工作。這勞動愉快化的思想，我打算在後面再說。

這樣生產出來的東西，如何分配於各人？原來屬於這法郎其的人，能夠勞動的，固然一概須勞動，但若不能勞動的，如兒童、老人、或病人等，不用勞動也能得到生活的保障。其實，不僅對於不能勞動的人，給與生活的保障，對於一切的人都是如此。即充分承認所謂生存的權利。因此，從全體生產物之中，第一便須取出全體成員生存所需要的部分。除此還有餘時，便依下面的比例來分配：勞動的人得十二分之五，出資的人得十二分之四，指揮監督產業的人得十二分之三。這里應當注意的，就是傅利葉也承認私有財產，甚至於承認資本底存在。如果把社會主義底意義嚴格地解釋起來，傅利葉也和聖西門一樣，不能說是社會主義者。

傅利葉以爲在今日社會中，勞動者因爲必須反復做同一的單調的工作以致他們底精神和身體，非常受損害。因此，他在理想社會中，便努力消除這個弊害。他以爲勞動之所以發生有害的作用，是因爲勞動的人對於自己底工作雖無興味而仍舊不能不勞動；他從這個見地，想出使勞動愉快化有興味的方法。他舉出下面這些方法：給與分配金去代替工錢，鼓舞和別的勞動者競爭，使各人做自己歡喜的勞動；而最重要的方法，便是實行改換工作。據他所說，一人至少有適合三十種工作的能力，而對於一種工作的興味，通常只能持續一小時半或二小時，所以一人一日必須改換工作八次上下。因此，法郎其中勞動底組織，便應該如此規定。他以爲這樣一來，勞動便沒有什麼痛苦，會變成與遊戲一樣的事情，人們都會歡天喜地地去勞動。人類底生活，沒有勞動決不能維持。如果勞動一般是苦痛的，苦痛和人生不能分離，那麼所謂人生，實在不能不說是很悲慘的事實。所以從勞動中除去苦痛這一件事，爲古來許多思想家所想望；傅利葉底主張，可以看做對於這問題的一個解決策。傅利葉所說的話，有許多值得我們研究；然而這個問題，依舊保留爲問題。

最後，關於傅利葉底思想底影響，稍述一下。他不像聖西門那樣有許多門徒圍着他，只爲一經紀商人店員老死於孤獨之中。他底思想在他底生存中，一點也沒有引起世人底注意。然而一種思想決不是終於不生什麼影響而死滅的。

傅利葉死後，有一個學者，名字叫做孔西德蘭（Considerant），出來糾集同志，熱心從事宣傳傅利葉底思想，並努力欲實際造出傅利葉所描寫的法郎其。孔西德蘭於一八四九年，向法國議會提出一個建議案，主張在巴黎附近劃出一九三六八畝土地，以國家底費用來建設這法郎其。這個提案，當然是通不過，而孔西德蘭竟因此被加上『國賊』的惡名，逐出於法國。然而別方面，他這個行動，却能喚起人們對於傅利葉學說的異常的興味。孔西德蘭被逐出法國，便赴比利時底布拉塞爾；他在這里，得一富豪底幫助，籌得百萬圓左右的資金，他以這資金在美洲底梯克沙斯地方造出一大法郎其。他認定這法郎其，可以做建設新世界的基本，所以充滿着異常的精神來熱心經營，得有一千二百人參加；不幸三年之後，終於失敗，只得宣告解散。此外欲造法郎其的實際運動，到處發生，所造出的法郎其數目，有二十五個之多，然都歸於失敗。但是傅利葉底思想之中，有些到了現在還是活潑有用的。

三 歐文

歐文（Robert Owen）於一七七一年五月十四，誕生於英國蒙德高滿利州（Montgomeryshire) 底牛當村 (Newtown)。他底父親是一個馬具商人，他底母親是隣村農家底女兒。兄弟七人中，以他爲最小。他底生涯很長，到了一八五七年，才以八十七歲的高壽去世。他底一生，波瀾重疊，曲折異常：有時爲英國最大紡織業者，在歐洲事業界博得盛名；有時渡到那稱爲世界處女地的美洲大陸，欲在該處實現理想的社會，因以驚倒世人；有時爲徹底的溫情主義者，努力於工廠法底制定；有時爲猛烈的社會運動家，投入那稱爲世界最初的無產階級運動的『憲章黨』(Chartist) 運動底漩渦中去奮鬪。我們竟可以說，他底生活本身，就是社會思想底歷史。實際，他這個人，無論從那一點來說，都不是理論的人，而是實行的人。他是一個一旦確信某種理論正確便馬上着手實行的人。他並沒有敍述整個理論的著作，有人說他只有實行。所以我們若就歐文底生活來說，實際便附帶地說明了他底思想。這里爲主的就思想方面來說。

歐文底生活，若從他底思想底發展上看來，大體可分做三個時期來考察。第一期可以稱爲溫情主義或勞資妥協主義的時代。這時期，以他經營紐拉那克 (New Lanark)

底大紡織工廠，獲得異常的成功，享有巨富和盛名的事實為中心。這個時代之中，他一方面在自己底工廠裏，為勞動者，特別是勞動者底子弟，努力施行教育及提高物質生活底幸福，即實施所謂溫情主義；同時勸告政府制定工廠法，欲以法律底力量驅逐那工廠勞動者底無智和貧困。這個時代，大體以一八一七年告終，從此時以後，歐文便變為空想的社會主義者。從一八一八年至一八三二年，可以看做第二個時期。歐文變為社會主義者的理由或動機，是因為他目擊勞動者失業底慘狀，以為若不解決這個問題，人類底幸福便不能實現；並且他要悟到以他向來所抱的溫情主義的思想（例如教育勞動者的子弟，或縮短勞動時間）決不能解決失業問題；於是才想出新的方法。這就是共產村的思想或勞動貨幣的計劃。關於他所想的共產村或勞動貨幣的計劃，打算在後面去詳說。這里不能不注意的，就是歐文不僅想出這種事情，而且要實地出現出來：或親赴美洲大陸，創造名為紐哈摩尼（New Harmony）的共產村，或建立國民公平勞動交換所。他不僅抱着社會主義的思想，並欲馬上實現，去作種種的試驗；這是使歐文成為空想的社會主義者的理由。他這些計劃，不幸全部歸於失敗。那是一八三二年的事情。歐文底第二期，可以看做以此時告終。此後的歐文，曾經參加過當時英國盛行的憲章黨運動，不過幾年之後便脫退那種運動，靜靜地度其餘生，迄於一八五八年的逝世。

原來歐文雖爲一馬具商人底兒子，却有非常偉大的實際手腕。他在二十歲時，便已經爲一工廠底共同經營者，其後不久便買收英國第一的紡織工廠，使其事業日益發達；但他對於當時勞動者底悲慘境遇，不禁灑同情之淚，故終身爲勞動者底向上和解放而努力。他爲勞動者底解放，把財富和名譽棄如敝屣，對於世人底非難嘲笑，也毫不爲意。他雖把賺得的巨額財富，爲社會改造底種種計劃，消耗乾淨，最後變成一錢莫名的人而死，他也一點沒有後悔。自從歐文去世以來，已經過了七十年歲月。其間，爲勞動者解放，爲社會改造，發生許多思想和運動；有好些人因此流了尊貴的血。在這些人中，我們特別對於歐文有興味，是因爲他原來是一個大資本家，後來變成一個社會主義者，且爲此盡了一切的努力。人們常說：社會主義是不平者所提倡的，他們因爲自己不能發財，沒有發財的能力，所以才說財主的壞話。歐文底生涯，很足以證明這些人底思想底錯誤。世上還有些人相信勞動問題能夠用溫情主義來解決。歐文最初也這樣相信。他並且爲了這種信仰，做了種種的努力；然而結果，使他不能不變成社會主義者。我們看了歐文底生涯，可以知道溫情主義若徹底做下去，必定會變成社會主義者；若不變成社會主義者，一定是他底溫情主義，不是眞正爲勞動者打算的，只是用來欺騙勞動者的假貨。

如上所說，歐文實有種種的思想，所以這里決不能說明他底一切思想。這里所要說的，以歐文底第二期思想（卽空想的社會主義思想）爲中心。

我們應當先從歐文抱有何種根本思想一點說起。據歐文底意見，人生底目的在於幸福，並且不是少數者底幸福，而是最大多數者底幸福。那麽人要達到怎樣的狀況，才能說是幸福？卽人底性格能夠善良地圓滿地發達時，便能說他是幸福。而所謂人底性格，在其呱呱墮地時，恰如一張白紙；所謂好的性格或壞的性格，並非人類與生俱來的。人底性格，本無所謂善惡，不過在他生活之中，染上或紅或黑的色彩，恰如一張白紙上面寫起紅字黑字一樣。其結果，有的變成善良的性格，有的變成惡劣的性格。使那本來無異一張白紙的人底性格，或變成善，或變成惡，究竟是什麼東西？那是人類生活其中的周圍情形，即環境。

歐文所謂環境之中，包括種種東西：例如周圍的別人是一個環境，氣候、風土也是環境，生活資料也是環境。歐文以爲這些東西之中，最重要的是生活必需品底多少，換句話說，就是富裕或貧乏這一件事。性格底善良與否，由兩種情形來決定：一是生活必需品是否豐富，一是教育是否適當進行。如果生活豐富、教育適宜，那人底性格便會變成善良、圓滿。如果不然，性格便會變壞，變爲不完全，因之那人就難免於不幸。單靠生活豐富還不夠，爲富不仁是常見的事，所以必須加上教育底力量。

把上面的話簡括起來說：要使人底性格發達爲善良、圓滿，使人得到幸福，必須給與他以豐富的生活和適當的教育；人生底目的既在於最大多數底幸福，便應該給與最大多數人以豐富的生活和適當的教育。這就是歐文底根本思想。歐文做出種種計劃從事實行，完全由這根本思想出發。一言以蔽之，醫治貧乏和無知，消滅這兩個毛病，是他底根本的見解。

歐文以爲只要人類肯努力於這兩方面的工作，社會便自然而然會變成充滿幸福的社會。而且一方面，人造環境的舊思想會漸漸失勢，環境造人的新思想會漸漸旺盛；別方面，種種機器會被發明，使產業界起一革命，物質的生產會達到空前未有的豐富；所以人類底黃金時代，現在正臨於我們底眼前。

歐文抱有如上的見解，所以他在經營紐拉那克底大紡織工廠時，第一便着眼於勞動者底教育。於是他便舉行種種講演會，或設立圖書館，力謀勞動者智識底向上；特別爲勞動者底子弟，在工廠內設立學校，實施組織的教育。這事和後面所說的工廠法的事很有關係；當時機器已經發明，勞動已不需要以前那樣的熟練和體力。

因爲精細的和笨重的工作，都已用機器來作，所以勞動者只須做注油和監視等工作。要做這種工作，不一定需要成年男子，就是婦女和兒童也做得來。從工廠主方面看來，婦女和兒童比成年男子容易使用，工錢也較便宜，所以極願意使用婦女和兒童。而在勞動者一方面，也因爲生活日益困難，與其讓婦女和兒童閒着無事，不如讓他們到工廠裏去工作，要好得多。因此，雙方拍子相合，婦女和兒童勞動者，便急速地增加。然而那些走入惡劣工廠內的婦女和兒童，往往受虐待，陷於慘不忍言的境遇；所以十九世紀初時工廠勞動者底生活，實是充滿着血淚的故事，只要抱有正義觀念的人，斷不能默視這種事情橫行於文明的世界，不能不奮然起來。這事說起來話長，現在只有略而不談。歐文看見那種沒有教育的兒童一批一批地跑入工廠，傳染着勞動夥伴們底惡劣風氣，非常憐憫，所以他一方面對兒童施以教育，同時對於成年者也施以教育，以謀他們性格底向上。其次，他爲謀勞動者生活底豐富，也採用了種種方法：或增加工錢，或一次買入大批生活必需品，以低於一般的價錢轉賣給勞動者。不僅如此，他後來甚至於把工廠底利益金，也分一部分給勞動者，如分給股東一樣。歐文這樣地努力把自己底理想實現於自己底工廠。他底努力底效果，沒有落空，在他底工廠裏的勞動者，性格完全改變，以前那種酗酒滋事的情形，完全消滅，工廠全體好像一大家族，平和幸福地生活着。因此，歐文底名聲，不限於英吉利一國，越海而達歐洲大陸，各國底實業家，政治家，學者，以至於王侯貴族，都先後來訪歐文底工廠，發出贊嘆之聲而去。

歐文因爲自己底理想在自己底工廠裏實行起來，獲得偉大的成功，又以爲自己能做的事，別人也一定能做，所以努力把自己底經驗向世人宣傳，特別向工廠主宣傳。歐文以爲只要把自己底思想和自己所收的成功說明，別的工廠主也一定會模倣自己，這樣，社會便不期然而然地改造了。然世上的資本家，並不是都像歐文那樣的人道主義者、溫情主義者。他們都只是單謀自己利益增多的貪得無厭的資本家。勞動者底品性怎樣，婦女和兒童處於怎樣的境遇，這些事情，並不是他們底問題。他們一般底見解，以爲他們雇入勞動者，爲了要使勞動者從事勞動；只要勞動者能夠替他們生產利益便好，此外事情不管怎樣都不打緊。所以不管歐文苦口婆心地說得怎樣有條理，他們也一概當作耳邊風地聽過。因此，歐文便覺悟到這種和尙念經的方法，到底無效，只有用法律底力量去強制雇主謀勞動者底待遇改善和生活向上；於是他向政府當局，建議這個旨意。但是無論在哪個國家，不利於資本家的法律，都不容易制成。歐文爲此奔走三年，幾忘寢食，結果才於一八一九年，公佈了工廠法。這工廠法底內容，與歐文底提案大不相同，並沒有把勞動者底痛苦減少了多少。不過無論怎樣，這總是世界最初的工廠法。今日任何國家，都已訂有保護勞動者的法律，實不能不說歐文有很大的功勞。

以上所述的，是溫情主義者、人道主義者、勞資妥協主義者的歐文。歐文底思想卽使停止於這一點，他底名字也可以當作人類底恩人，永遠被人記憶；可是僅僅如此，歐文底名字也許不會寫在社會主義思想史上。然而他底思想，並不停止於此，以上只是第一期，他還進入了第二期。卽歐文變成了社會主義者。那麼他究竟爲什麼由溫情主義者進一步變成了社會主義者呢？我想先來說明這一點，然後再去敍述他底社會主義思想。

從一八一五年起，英國經濟界召來恐慌，經一六年、一七年而益甚。這次恐慌，是產業革命以後的第一次的恐慌。這次恐慌底發生，以拿坡崙戰爭爲直接的原因。如大家所知道，機器發明的結果，英國全體的生產力大大增加，因之商品底生產便增加得可驚。可是商品無論怎樣增加，倘若賣不出去，便不能變爲金錢，因之便不能變成利益。英國商品底顧客在何處？不消說是在歐洲大陸，卽法比德等國。當拿坡崙攪亂歐洲天地時，消費了許多商品，所以金錢一批一批地流入商品底供給者英國。英國努力生產商品，還不能滿足需要，因之事業日益擴張起來，工廠數日益增多，勞動者數也日益增加，農民爲取得較多的工錢爭赴都市跑入工廠；因此，大陸方面雖苦於戰爭之禍，而英國底經濟却日益發達起來。後來，拿坡崙失敗，大陸人民因戰爭費了鉅款，以致缺乏金錢，不能充分購買商品，卽減少了購買力。這種情形，馬上影響到英國。英國事業已經擴張了，工廠和勞動者已經增加了，商品堆積如山了，但是找不到買主。除了拱着手看望商品之山而外，沒有別的什麽方法。資本稀少的工廠，因爲不能運轉資金，紛紛倒閉；大資本家也中止商品底生產，關閉工廠，勞動者大批地被解雇，以致產生了失業者的大軍。失業者既不能回歸鄉村，又不能在都市裏求得職業；卽使有一點兒貯蓄，也只有一會兒便用盡了；生活一天一天地困難起來，逼得去做盜賊，乞丐，或坐以待斃，此外再無別法。然在別一方面，商品却堆積如山。商品的洪水，把失業者溺死了。英國底政治家學者們，看見這種情形，驚愕得不知所措。他們一向高叫擴張事業，增加生產力，以富國裕民，並且這樣相信着，所以做夢也沒有夢到，其結果會產生這樣悲慘的狀況。如果讓這種狀況自然下去，也許會引起不知怎樣的大事。然而他們又不曉得怎樣辦才好。

歐文底思想，也是目擊了這種失業者底慘狀後，才起一大變化的。他一向所想而且實行的溫情主義，也許可以改善工廠裏的勞動者底生活，但對於離開工廠的失業勞動者，却毫無能爲。對於失業問題應該怎樣考察，這是推動他底思想向前進的。

英國底政府，困於失業問題的結果，叩問當時世界的名士歐文底意見。歐文回答的意見，大體如下：——因機器底發明，使生產力大進步，所生產的貨財數量，達到了很豐富的程度。然而單單貨財豐富，還不能使人們底生活得到幸福；要使人們底生活得到幸福，必須把那豐富的貨財都歸人們來消費。只有在貨財底生產一豐富，人們所消費的份量便隨着增多的時候，才能產生幸福。簡單說，生產和消費，步調必須一致。消費貨財的人是誰？大多數是勞動者。然勞動者專靠工錢來生活，所以他所消費的貨財份量底多寡，完全由工錢底多寡來決定。現在因機器底發明，貨財底生產已大大地增加；然而勞動者底工錢，決不能說以同樣的比例增加着。事實上，因爲機器減省了人工，從前生產某種貨財需要二十名勞動者，現在因發明了機器只消一人工作便得，致有十九名勞動者歸於無用，甚至於以一個婦女或兒童便做得來；所以勞動者相互之間，競爭便很激烈，工錢便不能增加。因之勞動者便陷於貧乏，消費便隨着減少。而在別一方面，生產却日益增加。於是生出了一種奇妙現象，一方面貨如山積，別方面却有無糧可食，無衣可穿，只得餓死的大批民衆。使多數人不幸的，是多餘的物質！因爲生產過多，所以不能不餓死！這是今日的恐慌及失業底眞正原因。這個原因一明白，便不難發見解決的方法。那麼其方法是什麼呢？就是增加勞動者底消費力。使勞動者得有比今日較多的消費，使生產和消費底步調保持一致，這是唯一的解決策。那麼生產和消費底步調，怎樣才能保持一致呢？只消造出共同勞動、共同消費的一個組織（卽共產主義的團體）便得。——

以上是歐文回答政府的答書底前半段。他由此進一步去細述那解決失業問題的共產團體，應該怎樣構成。單從上述的歐文底意見看來，也可以明白他已經抱有社會主義的思想了。我們現在還須進一步去聽一聽他所主張的有名的『協和合力村』底計畫。該村由一塊平行四邊形的土地與其附屬的房屋構成。其詳細的設計圖載在歐文報告書中，並附着如下的說明：——

一村底廣闊，爲一千英畝至一千五百英畝（每一英畝合中國六畝半餘）；一村底住人，爲五百人至一千五百人。村底中央，有四棟房屋，成一正方形而建立着。那正方形底裏面，還有三棟房屋；其外面爲農園，牧場，工廠等地。據歐文底說明：『在正方形之裏面的，是公用的房屋。……其中位於中央的房屋，包含着公用的廚房、食堂、以及爲節省地並適當地做調理、飲食等所需要的一切設備。在其右面的房屋，第一層爲幼稚園，此外各層爲講堂和禮拜堂。左面的房屋，第一層爲小學校和評議室，其上各層做圖書室和成人所用的房間。正方形所包圍的內部的空地，供運動和散步之用。那些空地，還該種着樹木。其次，形成正方形的房屋之中，第一翼、第二翼、和第三翼，都充做既婚男女底住家；每一住家有四間房子，每一間房子底大小，可以容得一對夫妻和兩個小孩。第四翼充做兒童底寄宿舍，凡三歲以上的兒童或一家族超過兩個兒童的兒童，都可以寄宿其中。（第四翼底中央和兩極，還有特別的房間。）第四翼中央的房間，充做那些監督寄宿兒童的人底住室；在這一極的房間，充做病室，在別一極的房間，供遠來親友寓宿之用。（其它三翼，只有中央有特別室。）其中，有兩翼中央的房間，供總監督、僧侶、教師、醫生等人住居；還有一翼中央的房間，存放全體使用所需要的一切物品。……和這些房屋接近的，一方面有裝置機器來作工業的工作的房屋。……別方面有洗濯、漂白等設備。更遠的場所，又有若干農事用的設備。……這些房屋底周圍，有耕地和牧地等；最後以籬笆來圍繞四周，籬內復種果樹。……』

以上就是『協和合力村』底設計圖。在這個村莊中，生產和消費怎樣地進行？這個村莊，務必要做到自給自足，卽村人底一切生活必需品都由本村來生產來消費。所以村裏既有田地，又有工廠。村裏一切住民，除老、幼、病人等外，都有必須勞動的義務。生產出來的東西，貯藏在公共的倉庫中；村內職員，把必要品分配給各人。如前所述，飲食和住居，都是公共的事，衣服也是大家都受一樣的供給，所以什麽個人的財產，就沒有必要了。這樣生產和消費的步調保持一致，那種發生恐慌或失業的憂慮，便一點也沒有了。歐文以爲只有造出這樣的共產村，才能解決失業問題。而且創造一個能夠收容一千二百人的共產村，其費用只消九萬六千鎊，若各人分派，則每人不過八十鎊。換句話說，只要政府對於每一個失業者支出八十鎊，便能夠解決失業問題。所以他勸告政府，應當趕快實行這個方法。

自然，歐文底提案，決非政府所能實行。雖然他開了幾次演說會，努力宣傳這個旨趣，也只能引起世人底好奇心，並沒有一個人要想進一步去實行，甚至於勞動階級也反對他這個主張。

最初他想出這『協和合力村』底計劃，還不過當做一個救濟失業者的方法，後來他慢慢兒覺到這種共產村，不僅可以用作救濟失業者的方法，並且可以把全世界劃分爲許多共產村來改造世界他確信這種共產村，不僅可以使失業者得到幸福，並且可以引導全人類於幸福之域。他這個確信，一年強固一年，遂至於決然捨棄自己底財產來創造共產村，當作理想社會底模範表示於世人之前，以作世界改造底出發點。

他在發表其共產主義的思想八年之後，即一八二五年，於美洲印第那州內，以十五萬圓買取總面積三萬英畝的土地，定在這里實現『協和合力村』帶着九百名同志一同赴美。這塊土地，以前爲一宗教團體所有，有些已經開墾成功，還築有家屋、公會堂、工場等。歐文名這村爲『紐哈摩尼平等村。』他以這爲世界改造底序幕，以這樣偉大的抱負和熱心，來經營這個村莊。這村底組織，與前述的『協和合力村，』完全一樣。

歐文爲謀這村底成長發達，費了二年工夫，用了他做紡織業者時所賺的巨額財富底大部分（幾近全部，）然而結果，終於失敗了。雖有他那樣熱心的努力和豐富的財力，也終於失敗了。他底共產主義便不能實行了。

我現在並不想批評歐文底思想及其事業。不過我這里想述一述歐文所行的共產主義實驗失敗所給與我們的一個教訓。如前所述，共產主義是排斥任何種類的個人所有的。個人底生活，由社會來保證，凡生活所必要的衣食住及其它東西，都由社會給與個人。因之卽使工作比別人勤勉得多，在物質上也不能比別人多取得些（自然，可有名譽或尊敬之類的報酬）他們在物質上，不過是大家平等地取得一份。在今日資本主義的社會中，人們肯勤勉地工作，是什麼緣故？其中自然有種種理由，不過最大的理由，我想就是沒有財產的人，不工作便不能生活，並且工作越多，報酬越多（不消說，這事有許多限制。）簡單地說，爲個人的利益來勞動。然在共產主義之中，生活得着保證，無論怎樣勤勉地工作也不能得到較多的報酬，所以倘若把今日資本主義突然變爲共產主義，多數人（自然一定有許多例外）一定將懶怠工作。向來驅使人們工作的，是個人的利益；現在既沒有了這個目的，多數人便不願工作，至少不願和以前一樣勤勉地來工作。共產主義的社會，也和別的社會一樣，人們不工作便不能成立；所以要使人們勤勉地工作，必須於下面兩個條件中具備一個：或有強大的權力者嚴重強制人們工作；或使一切人都養成強固的公共觀念，義務觀念或服役觀念、不消強制而能自發地工作。然歐文底紐哈摩尼平等村中這兩個條件，一個也沒有；所以多數人便懶怠工作，結果只有土崩瓦解了。這一點，是我們應該常常想到的。

以上是歐文底共產主義。歐文底思想之中，還有一種不可看落的，那就是勞動貨幣的思想。

在經濟學上，稱人類所造出或加工的東西爲經濟財或商品，認其中有一定的價值。而這經濟財（商品）中生有價值，是什麼緣故？據歐文所想，是因爲其中加有人類底勞動力。例如一雙皮鞋底價值爲十圓，是因爲製造一雙皮鞋，需要相當十圓的勞動力。所以價值底源泉是勞動。現在這個價值，以金銀所作的貨幣來表示，以貨幣爲媒介來交換。如前所述，一雙皮鞋値金十圓，若不出十圓貨幣，便不能有一雙皮鞋到手。然若精密考察起來，說一雙皮鞋底價值爲十圓，還不正確，因爲價值爲勞動所造出，製作一雙皮鞋『費了若干勞動』，便以若干勞動份量來表現，才算得至當無誤。那麼怎樣來表示勞動份量呢？以製作該商品所費的勞動時間來表示，爲最適當。例如製作一雙皮鞋需要十小時勞動，那一雙皮鞋底價值便以『十小時』來表示。

然在今日，却不這樣；一雙皮鞋底價值，以十圓貨幣來表示。即以貨幣爲媒介來行交換。歐文以爲這一點裏伏有社會害惡底根源。例如製作一雙皮鞋需要十小時勞動，製作一件衣服也一樣地需要十小時勞動。這時，皮鞋和衣服底價值是相同的。所以皮鞋和衣服，可以彼此交換。然在今日皮鞋和衣服，不能直接交換；製作皮鞋的人，賣出皮鞋，得到金錢，再拿這金錢去購買衣服；在他們兩者底中間，介有商人。商人握有多額的貨幣，向某甲購買皮鞋，轉賣於某乙，或向某丙購買衣服，轉賣於某丁；一天做這些工作，以謀取自己底利益。其結果，物品便不能依照其價値來交換。拿前例來說，同費十小時作成的皮鞋和衣服，具有同樣的價值；現在假定有一商人以十圓向某甲購得皮鞋，又以十圓向某乙買得衣服，他也決不肯把那雙皮鞋以十圓賣給某乙，因爲倘若他那樣做，他便不能得到一點利益，那番賣買工夫便變做毫無意義的了。他對於乙，一定以超過十圓的價錢，例如十二圓，出賣那雙皮鞋，收取二圓利益於自己底錢袋裏。他對於甲，也一定不以十圓出賣那向乙買來的衣服，而以十二圓左右出賣。

這樣，物品底價值以貨幣來表示，商人做交換底中間人，所以有同樣價值的東西，彼此不能交換。換句話說，十小時的皮鞋，不能和十小時的衣服交換；除十小時的皮鞋外，若不另加二圓多餘的代價，便不能得到十小時的衣服。

歐文既抱着這樣的意見，便達到如下的結論：以財富底根源勞動時間來表示財富底價值，直接交換勞動時間相同的物品，使商人歸於無用之地，這樣的制度，才是最正確的制度。

歐文想以實例來馬上實現上述的思想。一八三二年，他得一富豪底幫助，在倫敦設立『國民公平勞動交換所。』這是一種銀行兼市場的制度。以前例來說明，拿皮鞋到這里來的人，取得那表示十小時勞動的『勞動紙幣；』拿衣服到這里來的人，也一樣地取得十小時的『勞動紙幣。』交換所把這些貨財，貯藏於倉庫中。先前賣出皮鞋的人，現在如欲衣服，只要到這里來，交出先前的『勞動紙幣，』便可以取得那同以十小時勞動作出的衣服。就是能夠依照相同的價值來交換；不再像商人居間時那樣，購買勞動時間相同的物品，必須付出多餘的代價。這是很合於公平之道的，所以這是實行勞動底公平交換的場所。

這種勞動紙幣上，寫有一小時，五小時之類的文字，並記有『此劵提出交換時，乞付相當一小時（或五小時）價值的物品』的語句，下署總裁歐文、經理員某某、書記員某某等名字。這交換所，在各地方設有支部，故其經理員、書記員底名字，各地方互不相同。特別有趣味的，紙幣底正中央，印着『眞理』一個大字，紙幣底兩端，印着『勤勉』和『誠實』兩個字。觀此，也可知歐文用意之所在了。他是想用勞動紙幣制度來造出眞理，勤勉，和誠實的世界的。

這個交換所，一時大盛，陸續在各地設立着支部；然而因爲愛做劣貨的人逐漸增加，家願要的物品常感不足，無人過問的物品堆滿倉庫，同時貨幣制度依然通行等等理由，竟不到一年便不得已宣告解散了。

然而歐文這個思想，決不是卽此便死滅了，現在正活現生產協作社和消費協作社的思想。尤其在商業制度底弊害日益加甚的今日，生產協作社和消費協作社的運動，日益向旺盛發達的道路前進。

以上把歐文底第二期生活說完了。歐文底第二期，是失敗的時間。他常抱着優美的理想，努力以求其實現，不幸都爲現實的狂波大浪所衝破了。從此以後，他便住在倫敦底貧民窟中，參加當時旺盛的勞動者的政治運動，企圖把他底理想，種植於勞動運動之中。

——關於歐文第三期的思想和運動，這里無暇敍述，實是一樁遺憾的事。

十一

歐文確信人類底性格，得由環境來改造。他底整個生活，都不外這個確信底發露。然而他底確信，常常為事實所否認，他因此嘗了多次辛苦的失敗，雖然如此，他至死也不肯放棄他這個確信。我想以下面一節詩來結束歐文的事：

「人類向善的努力，決非無益的事；
即使他所得的是十字架，不是王冠！」

第三章　科學的社會主義

一　馬克思底生平

爲社會主義思想底完成者、且爲社會運動底實際指導者的馬克思，他底偉大的名聲，恐怕在人類歷史底繼續中，要永遠被人記憶着吧。

馬克思（Karl Marx）底生平，可以分做四個時期來觀察。第一期是他底少年時代和靑年時代，他在這時期和昂格斯（Friedrich Engels）訂了終生不渝的交誼，成了社會主義者。以年代來說，就是從一八一八年至一八四三年。第二期是他成爲革命運動家，東奔西走從事實際運動，以至於定居倫敦時爲止的時期，卽從一八四三年至一八四九年的時期。第三期是從此以後至一八六七年出版有名的資本論第一卷時爲止。第四期是從一八六七年以後，一直到一八八三年他去世時爲止。

關於馬克思底少年時代，我們所知道的不多。他底父親是一個自由思想家，他底母親是一個慈愛溫柔的人，他過着幸福的家庭生活。他底父親做裁判官，所以他也進波昂(Bonn)大學習法律學。可是法律學，並不合他底興趣。所以一八三六年，他便轉入柏林大學去研究哲學和歷史，受了當時哲學界底重鎭黑智兒(Hegel)底影響。一八四一年，柏林大學畢業，以哲學上的一篇論文，取得博士的學位。出校後，做萊因新聞(當時創刊的急進主義的新聞)底記者，不久便做主筆。他在這新聞上，批評了法國社會主義者魯爾、法國歷史哲學者孔西德蘭、及無政府主義者蒲魯東等人底著作。因此，馬克思底社會主義的思想漸漸養成；然馬克思受影響最多的，還是德國一學者所著的現代法蘭西底社會主義及共產主義一書。——不幸這萊因新聞，不久便被命停止發行，馬克思也轉赴巴黎。當時德國有一個急進主義者名叫路格(Arnold Ruge)，出了一種名爲德意志年報的雜誌，也被禁止發行，路格逃到巴黎。於是路格和馬克思，互相提攜，發行一種雜誌，名叫德法年報。這個雜誌也只出了二期，因受官廳底壓迫，只得停止出版。當時各種急進主義者，羣集於巴黎，其中有俄國巴枯寧和德國詩人韓內等人和馬克思共同發行向前雜誌。這是一八四三年的事。

這時還有一個卓拔的急進思想家，名叫昂格斯，爲思想界同志和官廳所知道。當時昂格斯住在英國孟却斯塔，投寄兩篇論文於德法年報——一篇題爲國民經濟學批判大意，另一篇題爲英吉利的情勢。昂格斯在這兩篇論文中，批評亞當斯密和李嘉圖等所謂正統派經濟學，並敍述當時英國勞動者底悲慘狀況。由這兩篇論文底介紹，馬克思才知道昂格斯，從此兩人之間，常有書信來往，其結果，一八四四年九月，昂格斯特到巴黎來訪馬克思。此時馬克思和昂格斯都已相信當時社會組織底不合理，燃着社會改造的熱情，所以一見而便意氣相投，結了終生不渝的交情。從此以後，凡有馬克思的地方，必有昂格斯，凡有昂格斯的處所，必有馬克思，他們在一切方面，都作了異體同心的活動。

一八四五年，昂格斯又來訪當時住在比利時布拉塞爾的馬克思，同年夏天，一同赴英；從此馬克思便能詳細研究資本主義制度底本體，並能觀察那正對着當時資本主義戰鬪的憲章黨運動。

當時歐洲各國底社會主義者，各有秘密結社，從事活動，漸漸變爲一個公開的團體，且爲各國社會主義者所組織的一個國際團體，於一八四七年夏天在倫敦舉行結黨式，名爲『共產主義者同盟』。馬克思和昂格斯，也加入這個同盟而且他們還被推舉爲起草這同盟綱領的委員。那個綱領，就是一八四八年一月用歐洲各國語言在倫敦公佈的有名的共產黨宣言。這篇宣言有極短的前文，劈頭一句便是『一個怪物——共產主義的怪物，正徘徊於歐洲』；有很長的本文以『從來一切社會的歷史都是階級鬪爭歷史』一句開始，以『全世界無產者，團結起來！』一句結束。

當這共產黨宣言底筆跡還未乾時，同年二月突然在法國發生革命，成立了有社會主義者參加的臨時政府。當時住在布拉塞爾的馬克思，應法國臨時政府之招請，回歸巴黎。他在巴黎，不斷地把法國革命的進行狀況，報告於德國同志。他一時回歸本國普魯士，在這里達到他多年的宿望，創刊新萊因新聞，作爲民主主義的機關報，猛烈地攻擊普魯士政府，並鼓吹革命的精神。這個新聞，約繼續一年，因和出資者底意見不同，便於一八四九年五月十九日停刊了。其後，革命運動漸爲反動運動所壓倒，馬克思便連同家族再遷往巴黎。然而法國反動勢力也很旺盛，馬克思留在巴黎一個月之後，突然接到法國官廳一個命令，命他於二十四小時內退出巴黎，結果他便不得不亡命於倫敦了。

一八四九年秋天，馬克思和昂格斯一同卜居於倫敦，他住在這里，一直到一八八三年去世時爲止。移住倫敦以後的馬克思，主要的努力便是完成他底畢生大業資本論。不消說，他是希望那『共產主義同盟』底發展，曾爲此出了不少的精力；不過同盟內部生出不一致之後，他便不很歡喜參加這種實際運動了。

馬克思在倫敦的生活，決不是快樂的生活。馬克思雖內有愛妻嬿妮 (Jenny Von Westphalen)，無論處於何種逆境，都不肯灰心餒氣，常常愉快地幫助他底事業，外有摯友昂格斯，無論在研究上運動上以至於物質生活上，都肯給與他以所有的幫助；然而他差不多沒有什麽收入以致物質上的生活，常常陷於窮境。說起他當時所得的收入，只有投寄美國一家新聞的稿費。關於馬克思底生活怎樣困苦，有種種傳說。例如有時，爲購買稿紙，竟賣出最後的洋服。他底生活如何窮困，單看這一件事便可以明白。幸而一八六〇年，接受威廉華爾夫底遺產八千圓，才得繼續進行資本論底研究。如果沒有威廉華爾夫這個人，恐怕馬克思底研究會要中斷，資本論將不能出世，所以馬克思把資本論第一卷獻給威廉華爾夫。一八六九年以後，昂格斯每年贈他三千五百圓，他才能毫無憂慮地繼續做他底研究工作。馬克思夫妻兩人，共生了兩個男孩和四個女孩，然養大的，只有三個女兒。三個女兒，都嫁給有名的社會主義者。

一八六四年九月，『國際勞動者聯盟』成立於倫敦。這是有名的『第一國際』。馬克思當時致了開會辭。這個運動一時博得多大的希望，不過數年之後，因社會主義者和無政府主義底互爭，便崩壞了。此外，馬克思對於德國社會民主黨，也不斷地給與善意的忠言和批評。

資本論底第一卷，出版於一八六八年。他移住倫敦着手研究以來，已經十九年了。馬克思怎樣傾注全力於這部著作，由此可推而知。其後的馬克思，因多年的惡戰苦鬬，使他底健康大受損害，且不能繼續昔日的活動。資本論也只出了一卷，便未完成地放在那里了。

和一切革命家底生活一樣，馬克思底晚年，也是很寂寞的。他晚年所過的生活，是和疾病及貧乏戰鬬。他不能看見他底一生活動底目標——世界革命，也不能完成他後半世費盡心血的資本論。然而馬克思底思想，現在還活現於世界無產階級底胸中，驅使他們從事着活動。而他底資本論，也藉昂格斯和考茨基底力量完成了。馬克思生平的二大事業，一件已經完成了，一件還正在完成的途中。馬克思這個人雖然死了，他底事業却並沒有消滅。恐怕永遠不會消滅吧。

一八八三年三月十四日，馬克思靜靜地永眠了。三月十七日，葬於倫敦哈格脫墓地，位於他底愛妻之傍。

二　唯物史觀

我們要理解馬克思底社會思想，非先知道橫在他底思想根柢上的唯物史觀不可。所以我們當先說明什麽是唯物史觀。說明唯物史觀，爲便宜計，可以分做三段來說。第一段敍述社會常在進化之中，第二段說明推動社會進化的動力是什麽，第三段敍述在何種時機社會會發生變動。（卽社會會起革命。）我想依此來說明唯物史觀是什麽。

原來人類決不是單獨生活着的人，一生下地，便爲家族底一員，和父母兄弟營共同生活。年長進入學校，又與同學們營共同生活。後來或做農夫，或做職工，或做公司員，或做銀行家。有時還做宗教團體底一員，有時還做市鄉底公民。無論在什麽時候，都和別人保持着一種關係，共同生活着。這種由人與人底關係所造成的家族、學校、工會、村落、宗教團體、國家等，一般便叫做『社會。』所謂人爲社會的動物，就是指此而說的。

然而社會這東西，決不是固定不變的。譬如，拿家族來說，古代的家族，雖也是社會，然和現在有很大的不同。考究家族發達底痕跡，最初差不多沒有夫婦這種形式，實行着所謂雜婚或亂婚制度，生出來的小孩子，不知其父之爲誰，那時差不多還沒有可謂家族的東西存在。其次出現的是一妻多夫的家族，以一個女子爲中心，多數男子團集在伊底周圍，和他們所生的小孩子，共同形成一個家族。在這個家族中，以做母親的女子底權力爲最大。再其次，發生一夫多妻的家族，以一個男子爲中心，周圍圍着多數女子，和他們所生的小孩子，共同構成一個家族。在這里，以做男子的丈夫底權力爲最大，是不待言的。再其次出現的是一夫一妻的家族，是一種以兩個特定的男女爲中心來造成的家族。關於這一夫一妻的家族，又有不同的形式；以前，除夫婦和兒童外，還有丈夫底父母、自己底兒媳、丈夫底兄弟夫婦及其兒童等人，形成同一的家族，這叫做大家族制度。其後，發現所謂小家族制度，僅以一對夫婦及其兒童構成。今日的家族，便是這樣。再看一看國家這個社會，情形也和家族相同，有君主專制國家、封建國家、立憲國家等，雖然都叫做國家，而其形式却各不相同。

這樣說來，一切社會，都不是停滯、固定的，而是常常變動不居的。社會一生變動，社會中所生的學問、法律等東西，也隨着變動。

社會常常變動。從遼遠的過去到遼遠的將來，都沒有固定不變的社會，只有因時代而不同的社會。這就是人類社會是有歷史的。唯物史觀，最堅强地主張這一點。因此叫做唯物『史觀』。唯物史觀是一種歷史觀，換句話說，是歷史底一種看法。

其次，社會既然常常變動，那麼促它變動的原因是什麼？其原動力是什麼？要知道這事，必須先明白對於人類最重要的是什麼？有人說是財產，有人說是名譽，也有人說是知識，又有人說是權力。如果我們進一步考察起來，便可以知道對於人類最重大的事，是人類底生命，人類底生存。這樣說來，也許有人以爲這是當然明白的事，用不着再說的。我回答這種人道：不錯，這是常然明白的事；然而唯物史觀，便是建在這當然明白的事情上面的理論。

原來人類所具的慾望之中，最強的慾望便是這生存的慾望。我們要生存，不能沒有食物喫，衣服穿，家屋住。就是必需許多物質。那麼造出人類最需要的物質的是什麼？那不消說，是生產物質的力，卽『生產力』。

我在前面已經說過，人類都和別人保持一種關係而生活着。我們已經知道，對於人類最重要的是生存，要生存便非生產物質不可。人和人爲生產這物質而作的關係，馬克思叫做『生產關係』。所謂生產關係，是什麼意思？簡單地說起來，例如以前的師傅和幫手底關係，今日的工廠主和勞動者底關係，就是一種以生產物質爲中心而結成的人和人底關係。以前的幫手，直接向師傅學得技術，和師傅一道兒製造物品。幫手和師傅，同喫一鍋之飯，甚至於常常同寢一室。因此，師傅和幫手之間，常有一種親愛的關係。師傅待幫手如子，幫手敬師傅如父。因此，幫手若被師傅逐出，便認爲無上的恥辱。他們當時結成這種關係。然而今日的工廠主和勞動者底關係，便完全與此不同。工廠主既不與勞動者一同勞動，也不和勞動者喫同鍋之飯，又不與勞動者寢同一之室。他們兩者底關係，只不過是以工錢雇傭者和受雇傭者底關係；所以他們兩者之間，不會生出什麼親愛的感情。這是今日的生產關係。所以生產關係，常依一定的生產力來決定，非人類所能自由造出。譬如，人們看見以前的師傅和幫手底關係爲美滿的親子關係，兩者之間有溫和的情感，便以此爲理想，竭力想在今日造出這種關係，那是不可能的。爲什麼不可能？因爲現在生產力和以前不同了。今日已有機器這種強大的生產力。還有，最重要的生產力——勞動，已經大行增加，所以生產不能像以前一樣，在家庭裏實行，而已產生工廠了。因此，在那以家庭爲工作場的昔日，和這以工廠爲工作場的今日，兩者之間，資本家和勞動者底關係，不能一樣。所以馬克思說：『一定的生產力，造出一定的生產關係。』

　　如前面所屢述，物質底生產，是對於人類最重要最根本的事，所以人類底一切關係之中，以生產關係（或經濟組織）爲最重要最根本的關係。其它一切關係，都以這爲基礎而建築於其上。前面所述的家族或國家底種種形式，也不外乎作於各種時代底經濟關係上面所以生產關係（卽經濟關係）一變化，不僅家族或國家底形式，凡社會上、政治上、法律上的一切關係，都不能不跟着變化。舉一個譬喻來說，生產關係譬如家屋底基礎。有了基礎其上才能立柱、植壁、並蓋着屋頂。柱、壁、屋頂等，好像是築於一定生產關係上面的社會上、政治上、法律上的諸關係。因之基礎一變動，建立其上的一切東西，都不能不跟着變動。

那麼促進這基礎的生產關係變化的是什麼？前面已經說過，是生產力。所以我們若把上面所說的話簡括起來，便是——生產力一變化，生產關係（卽經濟組織）便跟着變化，而一切社會上、政治上、法律上的全組織，又跟着生產關係而變化。換句話說，社會進化底原動力是生產力。

最後的問題，便是在何種時機（卽生產力發達到什麼程度），生產關係（更廣汎地說是經濟關係）才會發生變化，因之社會上、政治上、法律上的一切組織也會發生變化？簡單地說，就是在何種時機，社會組織才會發生革命？一定的生產力，造出一定的生產關係；但是一旦造出了某種生產關係，那種生產關係便成爲一定的組織，離開生產力而獨立存在了。拿一個譬喩來說（這個譬喩也許有點兒不妥當），我們底衣服，依我們身體底大小來作。不消說，作衣服的是人，可是他決不能依任意的大小來作。兒童底衣服，須做成合於兒童成人底衣服，須做成合於成人。就是兒童底身體，成人底身體，爲做衣服所必要的條件。同樣，生產關係這種衣服，也是合於名爲生產力的身體而做成的。可是一旦做成了衣服，那衣服便得離開身體而獨立存在。同樣，生產關係也得成爲一個組織而存在着。就是做成了一個框，生產力不能不在那框中來發達。這和兒童穿着兒童的衣服一樣。兒童底身體，一天一天地生長。然兒童底成長，是在那名爲衣服的框中進行的。

原來穿着適合身體的衣服的兒童，是很感着愉快的；兒童底身體，因爲穿着這種衣服，便能抵禦寒暑而日就成長。身體底運動，也能活潑進行；卽衣服對於兒童底成長，是一個最適當的條件。可是這種狀況，並非永久繼續下去的。衣服底大小，現在和做成的時候一樣；而穿着衣服的兒童却常在生長之中。所以過了一年或二年，那以前的衣服便不合他底身體了。露手露足的衣服，決不能充分抵禦寒暑。而且衣服緊小，伸展不便，甚爲討厭。有時身體本欲更加成長，也因爲衣服束縛得太緊，而不能成長。於是那種衣服，對於兒童便成了一種障礙物。以前它是有利於兒童成長的條件，現在倒成爲妨礙兒童成長的東西了。所以此時要想幫助兒童成長只有一個方法：破壞那套衣服，從新做一套合於身體的衣服來穿。

關於生產力和生產組織，也有同樣的情形。一定的生產組織，在一定的時期內是一種有利於生產力底作用及其發達的條件。但是經濟組織一旦造成了，便不能日日變化，而具有多少固定的性質。反之，生產力却因機器底發明和人口底增加等原因，常在日益增加之中。生產力底發達一進到一定的程度，那以前曾爲其有利條件的生產組織，現在倒反變成妨礙生產力發達的東西了。到了這時，才需要打破以前的生產組織，改造成適合那發達的生產力的組織。這里，社會革命的時機便到來了。

以上是唯物史觀底大意。馬克思在這唯物史觀底光輝照射之下，深刻地研究了現代資本主義。他研究的結果，便知道資本主義經濟組織，已經盡了它底任務，恰如兒童底衣服已經幫助了兒童底成長，資本主義已經使社會底生產力大大地增加了。這一點是資本主義底偉大的功績。然而那個由資本主義底力量所發達起來的生產力，却已經和資本主義經濟組織不相容了。那曾爲兒童的生產力，已經成長爲大人了。那爲兒童衣服的資本主義經濟組織，也不能不變爲所謂大人衣服的社會主義經濟組織。如果硬叫大人穿着兒童底衣服，恐怕大人會活活地悶死。對於那發達的生產力，資本主義組織不但是無用，而且還有害。所以資本主義不可不加以改造。社會革命的時期，已經到了。這便是馬克思應用唯物史觀來研究資本主義所得的結論。然則馬克思在哪幾點上，發見了資本主義經濟組織，對於生產力底發達是無用有害呢？這在下一節去說。

馬克思怎樣應用唯物史觀來認識資本主義底本體?依據馬克思底見解,資本主義經濟組織底趨勢怎樣?這是這里想述的中心問題。

資本主義經濟組織底最大特色,在於生產手段底所有者,和利用生產手段實際從事生產的人,是各別的人。換句話說,一方面有一團領有土地、工場、機器等資本(即生產手段)的人,別方面有一團毫無資本只有勞動力的人,由這兩種人來進行生產。其結果,社會顯然分成兩個階級。前者叫做資本家階級,後者叫做勞動者階級。

在資本主義經濟組織中,這資本家階級是生產底經營者,勞動者階級是生產者。馬克思以爲現在生產是怎樣經營的呢?我想先從這一方面來說明。

若問資本家以什麼目的來經營生產,那不消說,是以收得利益爲目的。資本家除了努力求多收得利益,再無別的目的。這種說話,也許有從資本家方面提出抗議的人。也許有人要說:我爲社會人人底利益來經營這種生產,我爲國家底利益來開辦這種事業。誠然,他們也許有時以這種目的來經營事業,但無論在什麼時候,收取利益爲他們底根本目的這一件事，却總沒有一點改變。不論那種事業對於社會、對於國家如何有益，若對於資本家無利，便沒有資本家肯去經營那種事業。即使有資本家想經營那種事業，也不能經營；因爲社會底組織，使無利益的事業不能進行。我們不曾看見有一個商人，情願自己受損失而賤賣穀米，也不曾看見一個紡織業者，寧肯自己受損失而便宜地生產棉紗；但同時我們却看見有無數的商人，在穀米不足、價錢日漲的時候，盡量收買自己喫不完的多量穀米，以促進米價日益高貴，陷窮人於絕路，也有許多紡織業者，到了機器改良、出產力增大、棉紗便宜的時候，馬上着手縮短操業，或縮少事業，以圖回復舊日的高價。可是馬克思並不欲攻擊各個資本家，他以爲這是資本主義的經濟組織，使他們不得不如此的。——總而言之，資本家以利益爲目標來經營生產，實是無可懷疑的事實。

資本家用什麼方法來取得利益？我們要明白這件事，必須考察一下利益跑進資本家懷裏的道路。這條過路是很複雜的，大體可以看做這樣：始於材料底購入，經過商品底生產，終於商品底販賣。販賣結果所得的利益，跑入資本家底懷裏。造成這商品的費用，是生產費；商品事實上所賣的價錢，叫做價格。如果生產費和價格是同樣的份量，利益便一點也得不到了。要想得到利益，若不減低生產費，便須增加價格。

現在先從減低生產費一方面來看。大體生產費中，含有工場、機器等設備費和付給勞動者的工錢；所以減輕設備和減少工錢，都能減低生產費。那麼減輕工場、機器等設備費，是可能的嗎？那是做不到的事。因爲機器不但常有改良，而且新機器還陸續不斷地發明，若不用這些改良的機器和新機器，決不能和其他資本家競爭，因之工場也不能不常常改良；所以節省這些設備費，決不能成立事業。因此，在這一方面的生產費底節省，是不可能的事。所以資本家自然只有力求減少支給勞動者的工錢了。資本家減少工錢，可以有三個方法。第一個方法，工作時間不變，單削減工錢；第二個方法，工錢照舊，單延長工作時間；第三個方法，工錢和工作時間都依舊不變，只鞭撻勞動者更勤勉地工作，卽所謂提高勞動者底能力。這三個方法，雖然彼此稍有不同，然都爲減少工錢的方法，却無二致。

其次，再來看一看增高價格以謀多取利益的事。這不能不說是一種很困難的事。前面已經說過，資本家若僅僅造出商品，還不能生出利益；他欲得到利益，非把那商品賣出不可。然而買賣商品在資本主義的社會，是以自由競爭爲原則來進行的。各資本家互相競爭，都欲賣出自己底商品，他若不願爲競爭者所敗，便不能不盡可能地以低廉的價格出賣，因爲買主對於同樣的貨色，一定歡喜買較廉的物品。欲增高價格以取得利益，到底是做不到的事。於是資本家便想出不必增高價格而能取得利益的方法了。這就是多賣物品以取得利益的方法。價錢便宜，從一個一個物品得來的利益，自然很少，然而集少成多，所賣的物品既多，所得的利益也便不少。這就是所謂『薄利多賣』主義。

非行『薄利多賣』主義不能獲得利益的結果，小資本家便不能競爭，紛紛倒滅了。因爲要多賣物品，必須多行生產。要多行生產，必須購買精巧的機器、建築巨大的工場，因之需要鉅額的資本。這是當然的事，不待言的。馬克思稱它爲『企業集中』，其意義就是一百個資本家變爲五十個，又變爲三十個，又變爲十個。因之資本日益集中於少數人之手，所以又可叫做『資本集中』。這一點，在我們了解資本主義經濟組織底趨勢上，是最重要的一點。

資本家不能不生產多數的商品。但是他以什麼爲目標來生產？他是不是確實計算過，生產多少東西，一定賣得出去，才來從事生產的呢？不是的，決不是的。關於這些事情，一一加以計算，才來從事生產的人，決不能說是敏活的資本家。他大概豫測可以賣出幾多份量，便來從事生產。這叫做『以市場爲目標來生產。』然在資本主義社會，行着自由競爭，恰和螞蟻叢集於有糖的處所一樣，凡聽說有利的事業之中，都有許多資本家爭先恐後地奔入。各個資本家，都自己推測大概可以賣得幾多，以此爲根據來從事生產。推測和推測重複又重複的結果，生產出來的東西，自然超過了實際所能售賣的數量。其結果就是生產出來的東西賣不出去；東西賣不出去，便得不到利益；不但得不到利益，還要因支付投資其中的資本的利息，受莫大的損失。因此，小資本家紛紛破產，工廠關門，勞動者失業，被逐出工廠。這就是所謂『恐慌。』企業集中，資本集中，因恐慌而益盛行。別方面，勞動者雖想工作，但沒有人雇他。在歐洲戰爭時，造船業者獲得巨大的利益；當時只要造出船船，便能得到利益，一時出了許多船財主。於是便有許多資本家創造了許多造船所，募集勞動者如爭奪一般。可是一旦戰爭告終，船舶便失了買主，做成的船舶便賣不出去了。於是造船公司便紛紛倒敗了。失業者大批地增加了。這是我們大家都知道的事。

現在再把上面所說的話來回顧一下。第一，我們已經說過，在資本主義經濟組織之下，減少勞動者底工錢，是資本家底利益。這事對於勞動者有什麼關係，我想後面再去詳說。第二，我們已經說過，自由競爭底結果，造出賣不出去的商品，卽生出『生產過剩』的現象，發生恐慌，使企業集中更加甚地進行。關於這一點，現在想再來考察一下。

恐慌爲什麼發生？

這事，由上面所說，已經可以明白。現在簡括起來說，其原因有二：（一）資本家各以自己底利益爲目的來經營生產；（二）許多資本家之間沒有聯絡，換句話說，資本家之間，關於能夠賣出幾多商品，應當生產若干份量等事，沒有計畫，秩序和聯絡。再換句話說，資本家各自任意地經營生產。這叫做『生產界底無秩序，』或『生產界底無政府狀態。』

其次，所謂恐慌是什麼意思？

恐慌使小資本家破產，使小資本家所經營的工廠關門，機器不能運轉，以致勞動者徬徨於街頭道傍。甚至於大資本家，也不能照以前一樣地生產，不能不縮小事業，就是他底工廠有一部份機器停止運轉，有一部份勞動者實行解雇。所謂機器停止運轉，勞動者失業，究竟是什麼意思？這就是不能利用或不能充分利用發達的生產力的意思。那麼爲什麼不能利用這種生產力呢？因爲用資本主義的方法來經營生產，換句話說，即以資本家底利益爲本位來經營生產。因此，我們可以知道資本主義經濟組織，對於發達的生產力，已成了一種障礙物。生產力已經由兒童發達成大人了，而衣服却依然是兒童底衣服。所以衣服，不能不改做一套；即資本主義經濟組織，不能不改造一道。社會革命的時期，已經到來了。唯物史觀，這樣地告訴我們。

其次，再轉眼來看一看勞動階級方面。勞動者如屢次所述，是實際的生產者。他們是造出人類生活所不可缺少的物質的最重要的人。這種最重要的人，在資本主義經濟組織之下，處於一種什麽地位？這是我們下面想說的問題。

勞動者是貨財底生產者。凡運用手足來紡紗、掘煤、製鐵的人，都是一種勞動者，是沒有一點可疑的事。那麽勞動者所造出的東西，能夠留在勞動者手裏嗎？勞動者能夠說因爲這東西是他自己所造的，便應屬於他自己嗎？不能，他決不能這樣說。勞動者所造出的東西，都入於資本家手裏，而勞動者只領得工錢作爲勞動底報酬。這是資本主義組織底一個特色。這一點是最重大的一點，我們必須加以明白的注意。

勞動者從事勞動以造出貨財，其報酬是領得工錢。那麽他底工錢額是怎樣規定的呢？據馬克思所說，若把各個事件當做別論，只從大體上說起來，工錢是依照勞動者養活自己家族所需要的費用來決定的。這就是說，一般地看來，譬如由一對夫婦和兩個小孩構成一家時，爲維持這四個人底生活使他們不致於餓死，一天需要二圓費用，那麽如果丈夫一人爲勞動者時，他底工錢大體可以估計爲二圓。這是一般地就大體來說的事，不是適合於各個事件的。不消說，如前所述資本家爲增大自己底利益，常常努力於減低勞動者底工錢；然而不管減低工錢怎樣有利，若使勞動者餓死，或使勞動者不能養育小孩，便不能經營事業。所以工錢就一般來說，不能減低到維持勞動者及其家族所必要的費用以下。即勞動力這種商品底價格，依其生產費（即生活費）來決定。

然而各個場合工錢底多少，却由勞動底需要和供給關係來決定。這與一般商品的場合，完全相同。例如就米底價格來說，喫米的人（即米底需要者）數相同，而米底生產量（即米底供給量）增多時，米底價錢便低落。即豐年米賤。反之，米底需要相同而米底供給減少時，米底價錢便漲高。即凶年米貴。又如米底生產量（即供給）雖然相同，而喫米的人（即需要者）若減少時，米價便會低落，若需要者增多時，米價便會漲高。同樣的情形，也見於工錢之中。就工錢的場合來說，勞動底需要者是資本家，其供給者是勞動者，只有這一點和前者不同。若問勞動底需要，在什麼場合便大，在什麼場合便小，那是由生產所用的資本額底大小來決定的。資本若大，事業便大；事業一大，因之勞動者便需要得多。卽勞動底需要便大。而勞動底供給，或因人口底增加，或因不勞動便無從得食的人底增加而增大。這樣，工錢底數額，與前述的米價一樣，有時多些，有時少些。

現在我們要問一問，勞動者底工錢，究竟還是有增高的傾向呢，還是有低落的傾向？先從勞動需要方面來考察。到了資本主義經濟組織的時代以後，投於生產的資本額，已經大大地增加了。因之勞動底需要也增加了。別方面，勞動底供給（卽勞動者數）方面，又怎麼樣了？因種種的事情，勞動底供給也大大地增加了。第一件事情，是人口底增加。第二件事情，就是因前述的企業集中，卽小資本家爲大資本家所壓倒而破產，不能不成了勞動者，這種人底數目也頗不少。第三件事情，以前有多少資產的人，還可以做一個獨立的資本家，但到了現在，要做一種事業，若無鉅額的資本，便無從着手，而環境又不許閒着不做事，便只得去做勞動者，這種人也不在少數。第四是婦女和兒童變成了勞動者，這是勞動者人數增加底最大的原因。這是資本主義以前所不能看見的現象；盛用機器的結果，所謂熟練和體力，一般都不大需要，所以婦女和兒童，也和成年男子一樣能夠從事生產工作，甚至於有些職業，婦女還比男子適宜些。

把以上各點綜合起來看，資本底總額，卽勞動底需要方面，一定是增加，但勞動底供給方面，其增加更多。其結果，和豐年米賤一樣，工錢到了資本主義社會，一般有下落的傾向。

關於工錢低廉，還有一個原因。這是前面屢次說過的，減低工錢是資本家底利益，不用說，它對於勞動者決不是利益。所以勞動者務欲多得工錢，資本家務欲少給工錢。於是資本家和勞動者之間，發生鬬爭，雙方鈎心鬬角，以期有利於自己，和賣買商品時的情形一樣。在這個場合，資本家是勞動力底買主，勞動者是勞動力底賣主，究竟哪一方面勝利？多半是資本家方面勝利。爲什麽資本家能得勝利？因爲資本家若無勞動者，自然不能進行其事業，但他卽使不能進行其事業，也只是不能得到利益，決沒有餓死的憂慮；然而勞動者方面却不然，他若得不到工錢，明天便沒有飯喫，能夠被雇與否，是一個生死的問題。因此，資本家方面能夠堅決地說：『只能出這些工錢，如不願意，聽隨尊便』而勞動者方面却不能說這樣硬腰的話，即使心裏很不願意，也不能不依資本家所說的工錢來勞動。所以工錢有越益低廉的傾向。

不過工錢雖然低廉，但不能低落到不夠養活家族的程度，所以在工廠裏工作的時間，不致有餓死的憂慮。然而資本主義經濟社會中，如前所述，常有恐慌襲來。其結果，引起勞動者失業。心裏雖想勞動，但是工廠關門，把他們解雇了。在這種時候，要想尋找別的職業，也因爲一般市況不良，無從得到。如果有不勞得食的財產，也不要緊，但又沒有。平常拚命工作時，還只能得到勉強足夠維持生活的工錢，所以也不能有什麽貯金。此時失業勞動者，只有坐以待斃。

這樣看來，勞動者底地位生活，是極悲慘極不安的。但是他們是人類生活中最必要的物質底生產者。所以他們決不能永遠甘於那種地位。如果勞動者永遠不能不處於這種地位，那麽人類底世界，不能不說是可呪的世界。可是自然是公平的。它給與那生產者的勞動者以一個有力的武器，使他們能夠獲得合於生產者的地位。那就是勞動者底團結。資本主義經濟組織，給與勞動者以許多團結的機會，不知不覺之中幫助了勞動者底團結。第一，資本主義把多數勞動者集合在同一的場所。生產在大工廠裏實行的結果，一工廠裏聚有多數勞動者，造出互相認識、交際的機會。而且工廠多半集在一處，勞動者也多半住在同一場所，其結果，和別工廠底勞動者也有交際的機會。第二，資本主義促進了交通機關底發達，其結果，不但一國內勞動者，就是和別國勞動者，也有團結的機會。

這樣，勞動者欲以其團結的力，獲得生產者所應占的地位。如前所述，資本主義已變成和發達的生產力不相容的組織。現在資本主義，又促進那滅亡資本主義的武器——勞動者底團結，使鞏固的工會到處發生。資本家階級和勞動者階級底階級鬬爭，現在正一天更激烈一天。在這個戰爭中，勞動者階級終能獲得最後的勝利，已和水之流下一樣，是毫無可疑的眞理。這是一八四八年，離今約七十年前，馬克思在共產黨宣言中所說的話。

以上我已經簡略地說明了馬克思底唯物史觀，和馬克思關於資本主義經濟組織底趨勢的思想。我現在還須說明資本主義走向如何的道路而亡，即社會主義怎樣實現，馬克思對於此事的思想。

四　政治革命

依據馬克思底唯物史觀，資本主義經濟組織，決不是永久不變的東西。它盡了它底歷史的使命以後，一定要讓其地位於別的經濟組織。現在，資本主義已經盡了它底使命了。如果還讓資本主義照舊存續着，不但生產力底發達要甚受阻害，連現存的生產力也不免浪費，因之很傷害人類底物質幸福。所以現在資本主義經濟組織，不能不加以變革。社會革命的時期，已經到來了。——這是由上面所說的話可以明白的。資本主義必定崩壞，社會主義必定到來，這事從歷史上看來，是明白無疑的。那麼勞動者階級，是不是可以袖着手以待社會主義之到來呢？那是決不可以的。原來不論在何種社會組織中，都常有因其組織而受利益的階級和因其組織而受不利的階級，即支配者階級和被支配者階級；存在那得受利益的階級，必盡一切力量以謀其組織底永久存在。而且這種階級，是握有經濟上、政治上實權的階級，所以他們爲維持這個組織，便利用這些強大的力量。即使照舊維持現在的組織，對於那在這組織之下得受利益的階級，也不一定只有利無害，但比起完全變更這個組織，完全失去經濟上政治上的有利的地位來，總好得多；所以所謂支配者階級，決不肯自動去行組織底變革，歷史上從沒有這一種的例子。在資本主義的經濟組織中，國民底大多數都陷於赤貧和悲慘之中，姑不去論它，就是資本家階級，也往往因發生恐慌和市況不良，把既得的利益失去大半；但他們還情願維持資本主義的組織，因爲它比社會主義的組織總有利於他們得多。所以勞動者階級如果沈默着不做什麼運動，結局只有和資本家一同滅亡，爲什麼會如此？因爲如前面所述生產力已發達到了很大的程度，以資本主義的組織決不能把它用盡，如果依舊放任下去，資本家必因恐慌而亡，勞動者必因貧乏而亡。要想好好跳過這個難關，充分利用那發達的生產力，使一切人底物質生活豐富起來，無論如何都非變更經濟組織不可，卽必須改作兒童底衣服，使它適合大人底身體。然而這個工作，如前所述，決不能期待於資本家階級。這里便存有勞動者階級對於全人類的歷史使命。

以下想述的，是資本主義底崩壞、社會主義底實現，要通過如何的道路來進行。在敍述此事以前，不能不說一說的，是社會革命和政治革命底區別。馬克思常常區別此二者來想。

所謂社會革命是什麼意思？當我們說明唯物史觀時已經說過，一定的生產力產出相應的一定的生產關係，這個生產關係是人類社會所存在的一切東西底基礎。不論法律制度、政治組織、學問、藝術、家族形態、社會思想，都在這基礎上面成長起來。馬克思把這些東西叫做社會底上層建築，把生產關係叫做基礎建築；恰和一所家屋，其基礎一變，那家屋底全體構造都起變化一樣，生產關係一有變化，建在它上面的上層建築都不能不起變化。就是生產關係底變革，使整個社會狀况煥然一新，所以叫它爲社會革命。一定的生產關係一作成，便生出與它適應的政治組織。而這個政治組織，就是到了某種生產關係已不能與一定的生產力相容之後，還對於維持那生產關係有很大的用處。這政治組織底變化，叫做政治革命。

現在關於這一點，再就資本主義社會稍爲具體地說一說。——資本主義社會底基礎，就是握有財產的資本家和沒有財產的勞動者之間底生產關係。這個生產關係，當社會底生產力還沒有充分發達時，還不致產生什麼弊害；然而勞動者底人數日益增加，新機器陸續發明的結果，那增大的生產力，便使資本主義經濟組織產生許多弊害了。如果一定的生產力能夠自然地、不加人力地、變更一定的生產關係，那麼資本主義的經濟組織，便可以自然變化。然而它沒有自然變化，是什麼緣故？資本主義的經濟組織，生出資本主義的政治組織，在這政治組織中，名義上雖得有種種說法，而實際上，那在經濟界處於支配地位的人（卽資本家階級），這里也處於支配者的地位。換句話說，資本家階級，握着政治上的權力。從生產力發達一點看來，改變生產關係，對於一般國民底生活雖有幸福，然對於資本家階級却無益有害；所以他們以政治的權力，極力防止經濟關係底變革（卽經濟組織底變化。）換句話說，他們以政治權力的人爲力量來防止那種因生產力發達而欲改變經濟組織的強烈的自然傾向。因此，資本家階級所握的這個政治權力，必須歸勞動者階級掌握，以促進經濟組織底變革（卽社會革命）。這里，便發生政治革命的必要。

馬克思在共產黨宣言裏說：階級鬬爭是政治的鬬爭，勞動階級運動底第一目標，在於從資本階級手裏奪取政權。這就是說政治革命的。

其次，這個政治革命，怎樣地進行？應當用平和的方法來進行呢？還是應當用暴力的方法來進行？換句話說，勞動者階級，應當藉議會裏獲得多數黨來奪取政權呢？還是應該依羣衆的直接行動來奪取政權呢？馬克思怎樣看法呢？關於這一點，馬克思底意見，好像沒有一定。勞動者階級，怎樣取得政治上的支配者地位，要依各國實際情形來決定，不能一模一樣。有些國家，或者可用平和的方法，又有些國家，非用暴力的方法不可。在共產黨宣言中，明白寫着無產階級奪取政權，非用暴力的方法不能成就。不過我們這里不可不注意一件事，就是共產黨宣言，起草於一八四七年，發表於翌年一月，在當時，勞動階級藉參加政治，在議會裏獲得多數來取得政權，是任何國家都幾乎完全不可能的事情。所以我們不能因為馬克思曾說過非用暴力方法不可的話，便說他歡喜暴力的方法過於平和的方法；其實，馬克思好像比較歡喜平和的方法。但是倘若支配階級方面，不給與勞動階級以參加政治的機會，而且極力壓迫他們底種種運動，那麼用平和的方法便完全不可能的，因之不得不用暴力的方法。誰歡喜暴力？誰歡喜流血的慘禍？如果有平和解決的方法，便採取平和解決的方法，那是人情所同然的。然而階級鬪爭，是兩階級底鬪爭。就是現處支配者地位，握有一切權力的資產階級和現處被支配者地位，沒有什麼權力的無產階級底鬪爭。這種鬪爭，或平和地解決，或展開流血的場面，完全決於支配階級底態度如何。如果支配階級，憑藉其權力強壓反對者，剝奪被支配者一切伸展其力量的方法，也許會發生可怕的事態。

不論政治革命採取何種形式，結局總是無產階級掌握國家政權。即政治革命，可以看做能夠告終於比較短少的期間。這里，成立所謂社會主義的國家。那麼爲這個國家裏政治上支配者的無產階級，怎樣行使其權力呢？共產黨宣言裏說：無產階級漸次從資產階級手裏奪取一切生產手段，集中於國家手裏，利用其權力來謀生產力盡可能地迅速發展。到了一切生產手段完全集中於國家手裏，財物底生產依一定的方針來進行，國民全體變爲勞動者，資本家完全消滅的時候，社會革命才算告成。從資產階級手裏奪取生產手段，集中於國家手裏，共產黨宣言也曾說過，應當逐漸地進行，並不是一時沒收了的。然則逐漸沒收，應當採用何種手段？這事共產黨宣言裏，也列舉下列諸方法。第一，單是土地，馬上由國家沒收。第二，課與重的累進稅，即對於收入多的人，以大於收入少的人的比例課與租稅。例如以如下的稅率來課稅：對於千圓的收入課與百分之一，對於二千圓課與百分之二，對於一萬圓課與百分之八等。累進稅，今日任何國家都已實行，但還應以更重的累進稅，向收入多的人，奪取其收入底大部份。第三，沒收移住來的人或叛逆者底財產。第四，廢除遺產承繼的制度，遺產全部作爲國庫底收入。

這樣把生產手段都移歸國家手裏以後的國家，將變成怎樣的東西？卽社會主義的未來國家底樣態究竟怎麼樣？關於這一件事，不但馬克思和昂格斯，就是一般科學的社會主義者，都沒有明確的說明。這一點是和空想的社會主義者大不相同的。在空想的社會主義裏，以爲人類頭腦中任意想出的優美的理想國不難實現，所以他們苦心描寫出這種理想國。前面所說的聖西門、傅利葉、歐文，都是這樣做的。然而科學的社會主義，却站在完全和它相反的立場，他們認爲社會主義不是一個可求的理想，乃是社會進化底當然的結果，一定要到來的。因此，科學的社會主義者，只硏究資本主義底本質及其趨勢，依此大體地推測將來會產生怎樣的社會組織；至於將來社會組織底詳細情形，却認爲非我們現在所能知道。人關於將來，只能知道大體將變成怎樣情形，至於要知道一一詳細之點，那是決然不可能的。如果自命瞭如指掌，說得非常詳細，便是空想家所做的事；所以科學的社會主義者，極力避開議論將來的國家、未來的社會。

因此，我們不能在這里詳細敍述科學的社會主義底未來社會論和未來國家論。不過我們也能夠推測它大體是什麼情形。我想簡單地說一說無產階級掌握政治權力，漸次從資產階級手裏奪取生產手段，集中國家手裏以後的社會組織，是怎樣一個情形。

（一）在社會主義的國家中，生產怎樣地進行？如前面所說，生產手段歸社會共有（卽歸國家手裏）農業和工業等今日歸各個資本家經營的事業，都由國家來經營。卽實行所謂集中的經營。實行生產的目的，不是資本家底個人利益，如今日這樣；乃是社會全體底利益。今日資本家生產財物，其目的在於賣出財物以收取利益，那些財物對於社會一般有利與否，是一點也不加顧慮的，卽以利己心爲生產底動機；然在社會主義的社會，却不如此，只要社會一般人要求最多的，便生產得最多，且務以廉價供給他們。卽以需要爲本位，不以利益爲本位。這樣以需要爲本位，實行集中的生產，便可以消滅所謂生產界底無政府狀態、無秩序情形。

在社會主義的國家，生產財是共有的，消費財決不是共有的。要消費什麼東西，是各人底自由。這一點等後面去說。其次，雖說把生產財收歸共有，由國家來經營企業，但也不是馬上把一切企業都收歸國家來經營，最初只把大企業移歸國家手裏。因之在社會主義國家底初時，領有小資本的小企業家，還依舊存在，不過這種小企業家，斷難與國家所經營的企業競爭，只有逐漸滅亡，其結果，一切事業都歸國家經營。

（二）這樣實行需要本位的生產，所以爲保持需要和供給底步調，不能不大體調查需要幾多東西，和能够生產幾多東西，來指導並管理生產。第一，國家不能不調查現存生產力底程度，卽工廠、土地、機器等物底數目及其能力。第二，不能不計算一切人所需要的生活必要品底總額。所以首先利用生產力來生產生活必要品底總額。其次，生產力有多餘時，再用來生產那種滿足較高慾望的財物。當一切人底生活必要品還不足時，決不可把生產力用來生產奢侈品。

（三）先調查生活必要品底總額和生產力底全體，才能確定一般國民底勞動時間底長短。不消說，在社會主義的國家中，一切人都有勞動的義務。各人當從事何種工作，非由各人自由決定，須聽國家底命令。不過國家應當分配各人以最能發揮其能力的工作，常常聽到人說今日的社會，容許人們自由選擇職業；然仔細考察一下，便可以明白今日選擇職業，決不是自由的。今日選擇合於自己能力的職業，也許一部分人可以這樣做；至於大多數人，却沒有工夫問它是否合於自己底能力，爲生存計，無論什麼事都只得幹。因此，如果以爲從事合於能力的工作，爲選擇職業的理想，那就不能不說社會主義比資本主義，較多接近這個理想。

這樣，一切人都有勞動的義務；可是社會主義，却力謀轉換他們底工作，使勞動變成愉快。就是力謀適當調和肉體勞動和精神勞動，工廠勞動和農業勞動，使人們常常愉快地從事勞動。像今日這樣，農民終生須爲農民，工廠勞動者，終生須做工廠勞動者，而且因職業非常分歧的結果，一生只得做很細部分的工作，這自然要使勞動者感着極不愉快，並且阻害他們做人所應有的發達，即出了許多殘廢者。農民底身體，也許還算得健康，然而智識却很缺乏。專門讀書的人，智識也還許算得優秀，但是身體却很柔弱。這兩種人，從完全的人一點看來，都不能不說是殘廢者。這是最不好的現象；但是資本主義，却因分工的結果，越益造出多數此種殘廢者。社會主義力謀減少這種弊害，使各人從事各種勞動，以造出完全的人。

第三，因爲一切人都變成勞動者，所以勞動時間，一定短少於現在的勞動時間。不過也不是一切的勞動，其時間都相同的。困難的勞動比容易的勞動，其勞動時間應當短些。

（四）生產底進行，大體已如上所述。其次，分配又怎樣實行呢？『各盡所能，各取所需，』即須與各人以所欲的東西，是社會主義底理想；不過要實現這個理想，必須大大地增加社會底生產力，必須生產出很豐富的財物，能够讓各人自由拿取所需的東西，也不致有不足之虞才可。但是那種時期底到來，還不能不說是遙遠的將來的事。未到那種時期以前，還不能不按照勞動來行分配。

（五）要消費什麼東西，是各人底自由，這一點和共產主義不同。然而社會底生產力，是爲供給社會全體成員以充分的生活必要品來用的，所以雖有人欲用奢侈品，也沒有那樣東西存在，在這一點，消費須受相當的限制。例如今日資本家那樣，購買幾千圓一根的帶或幾萬圓一個的指環的消費，是要受限制的。這種現象，是決不能看見的。

（六）在社會主義中，生產增加，是容易想得到的。一切企業，都由國家以需要本位（不以利益本位）來經營，一切人都從事勞動，所以決沒有關閉工廠，停止機器運轉，讓田園廢生雜草，使欲工作而無工作的人存在，以浪費生產力的事。勞動越多的人，能夠得到越多的消費，所以懶惰的人也不會有了。在社會主義中人底生活，非由國家來保證，只由勞動來保證，不勞動便不能生存，勞動越多，生活便越好；所以共產主義中易生的弊害——懶惰者底發生，大概可以沒有。

以上大體總算說明了科學的社會主義。關於政治革命的說明，頗不充分；不過那是關於今日被容許的言論自由範圍以外的事，所以不得不割愛。其次，關於以政治革命爲目的的社會民主黨底運動，若加以敍述，也許可以使政治革命的觀念稍加明瞭，但也因爲沒有時間，只好不說。

五　布爾雪維主義

馬克思和昂格斯底科學的社會主義，是社會主義思想底本流，直到今日還沒有衰滅，而且成了勞動運動、社會民主黨運動底根柢。可是無論什麼思想，經過若干年後，總有多少變化。其門徒所主張的，和提倡者總有多少不同。而且從同一的源泉，流出種種思想，例如一個釋迦，教生出種種宗派。關於科學的社會主義，也有同樣的情形。就是德國考茨基（Karl Kautsky）一派所主張的正統社會主義和俄國列寧（Nicholai Lenin）一派所主張的布爾雪維主義，兩者都自稱承繼馬克思底思想，但兩者之間頗有顯著的差異。又如德國本斯泰因（Bernstein）所主唱的修正派社會主義，法國所生的工團主義（Sydicalism），英國所生的基爾特社會主義（Guild Socialism），這一些都可以看做從馬克思底社會主義中流出來的支流。這里所舉的五種思想在理解近代社會思想上，決不能看落，不過我們這里沒有工夫來一一探究它們。因此，我想就其中抽出一種在現代具有最重要的意義，且能給與後世社會思想以最重要的影響的主義，即布爾雪維主義，來加以簡單的說明。

布爾雪維主義（Bolshevism），日本人通常叫做『過激派』或『過激主義』。『過激』一語，包含着亂暴、殘忍的意義。其實這是不對的。如果把布爾雪維主義照字義來解釋，便是『布爾雪維克所信奉的主義』。所謂布爾雪維克（Bolsheviki），是『多數派』的意思。因此，布爾雪維主義便是『多數派所信奉的主義』。不過這里並沒有這樣來譯原語的必要。布爾雪維主義，不妨直譯爲布爾雪維主義所以這里不用譯語，仍用原語。

我想先說一說布爾雪維主義一語底由來。俄羅斯發生社會主義的運動，非常遲於歐洲其它諸國。大約十九世紀末葉，才發生社會主義運動。不消說，俄羅斯是一個非常專制的國家，所以各種反抗運動，在很早的以前，便非常盛行，非其它諸國所能比擬。對於地主，對於貴族，對於政府官吏，甚至對於皇帝，起了許許多多的反抗運動，有很多人爲他們所暗殺。羅曼諾夫王朝，是以紅血點染的王朝。有很多代皇帝，爲暗殺送去了生命。然而這些事情，決不是社會主義者所做的。這些事是俄國所特有的虛無主義者或無政府主義者所做的。社會主義者，很厭惡暗殺。因爲他們相信唯物史觀。原來據唯物史觀所教訓：對於人類歷史底進行，所謂個人，沒有什麼偉大的力量，連所謂偉人英雄，也只是時代底產物；無論怎樣的大人物，都不能阻止歷史底進行或轉變歷史底進行；推動歷史的，是人類底集團，不是單個的個人。因此，社會主義者，知道僅僅暗殺一人或二人，沒有什麼用處，社會主義決不會因此馬上到來。所以他們認暗殺爲無益的事，排斥暗殺，堂堂正正地實行集團的運動。反之，虛無主義者和無政府主義者，却很重視個人底力量，認爲非常強大的東西，所以往往欲從世界中除去這種強大的個人。俄羅斯底社會運動，很多這種個人的無組織的運動。到了十九世紀末期，有普列哈諾夫 (Geoge Plechanof) 這個人出來宣傳社會主義的思想於俄羅斯，才組織了『社會民主黨』。那是中日戰爭時的話。其後約經過十年，這社會民主黨之中，關於實現社會主義的手段這一點，分做兩種意見。一方面主張如下：革命非急速可成，我們應當等待時期，現在當以全力向工廠勞動者和農民鼓吹社會主義的思想，同時對於資產階級的政黨也當行相當的妥協，以增大黨底勢力，其次對於黨底組織，不應行中央集權制，當任各地方支部行自治制。反之，別一方面底主張又如次：革命現在馬上能夠成功，工廠勞動者和農民關於革命的準備已經充分成功了，現在不應當空費時日於宣傳主義，應當馬上準備革命，所以黨底組織應當採用鞏固的中央集權制，必須做到中央下一個命令，全國馬上能夠響應一齊動作，又對於資產階級的政黨，排斥一切的交涉。當時這兩種主張，相持不下，由黨員投票來決定，贊成前者主張的是少數，贊成後者意見的占多數。這是一九〇三年的事。從此以後，採取前說的人，便叫做『孟雪維克』(Menshevikí)，即少數派，採取後說的人，便叫做『布爾雪維克』，即多數派。前說底主唱者爲馬爾託夫（Martoff），後說底主唱者爲列寧。那被稱爲俄羅斯社會主義之父的普列哈諾夫，此時屬於布爾雪維克，後來才加入了孟雪維克方面。

布爾雪維主義底思想，大體和馬克思底科學的社會主義思想相同。唯物史觀、資本主義崩壞論、政治革命論等，都是布爾雪維主義從馬克思主義承繼來的。所以關於這些思想，這里就沒有重述的必要。我這里只想把布爾雪維主義和馬克思主義不同的處所，或馬克思自己不曾明瞭敍述的東西爲布爾雪維主義所徹底發展了的處所，加以多少的說明。這里不可不注意的，就是布爾雪維克初握俄羅斯政權的時候和今日，不論在其思想上或實際工作上，都有多少不同的地方。哪一點改變了？爲什麽要改變？這些問題，自然是很重要的，不過我現在沒有工夫論述這些問題。所以這里只能說一說布爾雪維主義底初期思想，即初握政權時底思想。

布爾雪維克之中，有許多學者和思想家，其中最卓越的，自然是列寧。列寧底名著國家和革命，可以說是爾布雪維主義底教典，其中包含着布爾雪維主義底一切根本思想。我想根據這本書來說明布爾雪維主義。

據列寧底意見（同時也是馬克思和昂格斯底意見），國家是一階級對於別階級的壓迫支配的組織。階級底支配這一件事，是國家之所以爲國家的本質，因之在那沒有什麽階級，也沒有什麽階級支配的古代，便沒有國家存在。那時，人支配人的事，完全沒有，大家如一大家族一樣，過着平和的生活。可是經濟一發達，便發生不勞動而生活和勞動而生活的兩個階級，前者專以向後者搾取勞動底結果，即實行支配爲其工作，後者專門辛辛苦苦地生產必要的生活資料，供給自己底生活並支配者底生活；這里，才成立了國家。國家在人類底悠長的歷史中，幾次改變了它底形式，有時爲專制國家，有時爲封建國家，有時又爲立憲國家，但是國家底原理，總是不勞動的階級支配勞動的階級，經過幾千年而不變。然這種人支配人的事，實爲人類生活中的一大汚點。因爲幾千年來如此，將來也一定如此，這是決沒有的事。沒有人支配人的現象的社會，才是最理想的社會。切不要誤會，這句話決不是說原始社會是理想的社會。人類底歷史，決不能回歸原來的出發點。以原始社會爲理想社會，和計算死兒年齡一樣，是很荒唐可笑的事。我們不可不期待較高形式的無支配的社會（和原始社會意義不同的無支配的社會）於將來。我們期望將來造出這種社會，換句話說，期望以階級支配爲基礎的國家消滅，決不是無根據的期望。這種期望，含有歷史所教的確實的根據。

不過無階級支配的社會，即無國家的社會，決不是現在就能夠實現的。要實現那種社會，必須經過悠長的過渡時期。關於這一點，無政府主義者底意見，以爲推翻現在的國家，馬上可以實現無國家的社會。列寧認這種思想完全是一種空想。無政府主義者，不懂得社會底進化。列寧認定社會底進化有許多階段，不能因爲達到最後的階段是人類底理想，便想從第一階段一足跳到最後的階段，必須由一段到二段、由二段到三段，如此按步就班地踏過去。列寧底最後目標，是無國家的社會，這一點和無政府主義者相同，但他承認未達到那最後目標以前的過渡期的國家，實和無政府主義者大不相同。

然則列寧以爲應當依照何種順序，才能實現無國家的社會呢？

現代所謂立憲國家，通常叫做實行民主主義的國家。所謂民主主義，應當是由國民全體，爲國民全體來行的政治。看一看今日的國家，其政治果眞由國民全體，爲國民全體底利益來行的嗎？決不是這樣。享有參加國家政治的權利的人，或只是男子底一部分，或只是男子及女子底一部分。再看一看那一部分國民之中，實際握有政治權力的是什麼人？只是資本家階級或資本家階級底黨羽。沒有選舉權的人，完全被排除於國家政治之外，受別人底支配，那是不待言的，就是享有選舉權的人，也因爲僅僅四年一次，有權寫一個名字於一張投票紙上，沒有什麼實際的作用，以致政治的權力，自然而然地握在資產階級底手中。然而國民底大多數是無產階級，資產階級是極少數。如此看來，今日所謂實行民主主義，實在是假的民主主義，只是少數的資產階級，支配着多數的無產階級。

然而經濟社會越進步，無產者底數目便越益增加。無產者底團結，因種種理由而鞏固起來。一方面，勞動者底重要漸漸爲人們所認識，如此重要的階級受少數人底支配，這種事情底不合理，也漸漸爲人們所痛切感覺到，同時，團結的力可以戰勝任何東西，也日益明顯；於是無產階級便發起向資產階級奪取政權的運動。這個運動，必定現爲反抗資產階級的階級鬪爭，必以無產階級底勝利告終。於是無產階級便掌握政權，成爲支配階級，造出壓迫支配資產階級的所謂無產階級國家或社會主義國家。這是向無國家的社會進行的中間的國家。列寧抱着這樣的意見。

無產階級應當採用何種手段從資產階級手裏奪取政權？列寧關於這一層的意見，這里只得割愛不說。

無產階級奪取政權後所造出的無產階級國家，是怎樣的東西？簡單說，在政治方面是『無產階級底獨裁』，在經濟方面是社會主義底實行。

如前面所說，在現代國家中，少數資本家以民主主義和全體國民利益爲名，其實只是爲增進資本家自身底利益，來行獨裁政治。這個形式的階級支配，便是資本主義國家底本質。社會主義的國家，也是一種國家，所以在社會主義國家中，也有支配階級和被支配階級存在。在階級支配這一點，兩種國家之間，沒有什麼差異；不過社會主義國家，在下列三種，却和資本主義國家不同。

（一）在社會主義國家中，其支配階級是無產階級。只有無產階級能夠享有政治上的權利。就是選舉權及被選舉權爲無產者所獨有。據一九一七年俄國憲法所規定，享有選舉權及被選舉權者，限於下列三種人：（一）一切依生產的勞動及社會有用的勞動來獲得生活資料的人，實行家內經濟的人，幫助生產勞動的人；即從事工業、商業及農業的勞動者暨一切種類的使用人，農民，經營農業的哥薩克，以及爲獲得利潤而不雇用工錢勞動者的人；（二）赤衞軍底兵士；（三）屬於前二種而有某種程度勞動不能的市民。以上三種人，不問男女，凡年達十八歲以上時，都有選舉權及被選舉權。而下面所列的各種人，則沒有選舉權，也沒有被選舉權。即：（一）爲獲得利潤而雇用工錢勞動者的人；（二）非依勞動所得來生活的人，即依資本底利息、企業底收入、財產底收入等來生活的人；（三）個人的商人及經紀人（即從事國家所經營的商業以外的商業的人）；（四）各種宗教底僧侶、神官等從事宗教事業的人；（五）舊時代底警察官吏、做特別警察及秘密偵探的人、舊王朝底家族等。可見這里實行無產階級底獨裁，是很明白的。

（二）無產階級底獨裁是多數者底支配，在這一點，和那以少數者爲支配者的資產階級獨裁不同。資本主義國家中沒有實行民主主義，前面已經說過；在社會主義的國家中也一樣地不能實行完全的民主主義。因爲如前所述，有一部份國民沒有選舉權及被選舉權。然而社會主義國家底無產階級獨裁，是多數國民事實上握有政治底權力，在這一點，比資產階級底獨裁，自然更多接近於完全的民主主義。

（三）最後，社會主義國家，和資本主義國家，還有一個最重大的差異點。在資本主義國家裏獨占着政治權力的資產階級，利用其權力來謀資本主義國家底永久存在。就是資產階級底獨裁，爲擁護資產階級底利益而存在。但是握有社會主義國家權力的無產階級，決不是爲永久維持社會主義國家，或爲擁護無產階級底利益，來利用其權力的。

如前所述，社會主義國家，不過是從資本主義國家移到無國家的社會的一個中間階段。列寧認為理想的，是無國家的社會，但要達到無國家的社會，必須建設社會主義的國家，經過這個中間的階段。所以社會主義國家，只是達到那終極目的的一隻渡船。因之那為支配者的無產階級，決不想永久做支配階級，維持那以階級支配為本質的國家。然則無產階級，究竟利用其政治權力到哪一方面呢？無產階級利用其權力，要把一切國民變為無產者（即勞動者），即把一切國民提到支配者的地位，把什麼階級區別、階級支配完全消滅，換句話說，把社會主義國家消滅。如前所述，階級區別、階級支配一消滅，同時國家便跟着消滅。無產階級，利用其權力，要把社會主義國家變為無國家的社會，換句話說，造出沒有階級支配的社會，也就是無產階級利用其權力，來取消自己底支配地位。然則要取消無產階級底階級支配，怎樣才能達到目的？那只有把全體國民變為無產者，即變為支配者，才做得到。這樣一來，便沒有受支配的階級，因之便沒有一階級支配的現象。那時，所謂國家便沒有了。

其次，把全體國民變爲支配者，在什麼狀態之下是可能的？據列寧說，那只有實行了完全的共產主義才是可能的。

列寧說共產主義有兩個階段。只把生產手段收歸共有的時候，叫做第一期共產主義；不僅把生產手段，連消費手段都歸共有的時候，叫做第二期共產主義。列寧所說的第一期共產主義，就是社會主義；第二期共產主義，就是眞正意義的共產主義。在上面所說的社會主義國家中，政治上實行無產階級獨裁，經濟上實行社會主義。無產階級行使其獨裁的權力，努力把社會主義提高到共產主義，這種努力成功時，才能沒有階級支配，實現無國家的社會。所以把上面的話簡括起來便是如此：列寧主張政治上實現無國家的社會、經濟上實現共產主義，爲終極的理想；但在沒有達到這理想前的當前目標，却認爲政治上應努力實行無產階級獨裁，經濟上應努力實現社會主義。

在無產階級國家中，社會主義以什麼形式來實行？這一層，和前面就馬克思底社會主義所說的情形，差不多沒有什麼兩樣，所以這里沒有再述的必要。

布爾雪維主義底根本思想，大體如上所說。布爾雪維主義，只是馬克思學說底一個延長，所以在根本思想上，和馬克思學說沒有什麼不同。布爾雪維主義具有重要的意義，在於實現其主義思想所用的手段政策的方面。無產階級應當怎樣奪取政權？應當怎樣實現社會主義？以及應當怎樣準備行向共產主義的道路？關於這些政策的方面，布爾雪維主義，極力發揮它底特色。所以若不說到這些政策的方面，只算得說明布爾雪維主義底一面，而且把布爾雪維主義之所以爲布爾雪維主義的精髓遺漏了；但是我們現在沒有辦法，不能不暫時以這不完全的說明爲滿足。

第四章　共產主義

歐文底『協和合力村』及『紐哈摩尼平等村』的思想，根據於共產主義，前面已經說過了。馬克思和列寧也以共產主義爲終極的理想，由上面的說明也已明白無疑了。然而抱有共產主義的思想的，決不僅是這些一人。共產主義，是遠從希臘底柏拉圖以來，爲許多人所憧憬的一個世界。討厭現實世界醜惡的人們，夢想共產主義的世界，以暫忘現實的苦惱。對於現實的生活，抱着無限不滿的人們，其腦中所想像的地上樂園，往往是共產主義的國家。所以那些理想主義者所描寫的共產世界，數不勝數。他們做出優美樂園底設計圖，遺留在我們手裏。其中最有名的，便是穆爾(Thomas More)底『烏託邦』一所以我想敍述穆爾底烏託邦底梗概，以明共產主義底狀況。穆爾是一個空想家，因之他底共產主義思想，應當怎樣求其實現，其實現究竟可能與否，關於這些問題，完全缺乏科學的論證。在這意義上說，他底共產主義，可以說是一個詩人底好夢。但是這決不限於穆爾一人。初期的共產主義，多半只能說是詩人底好夢。不過那些好夢在後世共產主義思想上，發生了很大的影響，所以這里說點夢話，想必不是無益的事。

穆爾是英國人，生於十五世紀，死於十六世紀。他生於哪一年，不大明白。他死的年，是一五三五年。那本使穆爾名垂不朽的名著烏託邦（理想鄉）以小說的體裁，描寫理想的世界即共產主義的社會。他之所以寫這本書，有一個動機。恰在十五世紀，英國發生一種情況：穀物底價錢大跌特跌，而羊毛工業漸次隆盛，因之與其用田地來生產穀物，不如用爲牧場來飼羊，利益還比較多些，以致佃農失業，食糧缺乏，貧困和飢餓到處來襲。目睹這種狀況的穆爾，惻然大動，以爲應當有一種經濟組織、國家形態，使一切國民都能得到幸福，於是深思遠慮，在頭腦中造出一個理想鄉，以小說的形式發表出來，名爲烏託邦。穆爾以爲只要這烏託邦裏的思想，爲多數人所理解，由那些人底努力便能造出這種世界。就是他以爲只要喚醒人們底理性，憑藉那理性的力便能够改造社會。生於穆爾之後的歐文、聖西門、傅利葉等被人稱爲『烏託邦家』（卽『空想家』）便因連想到穆爾底烏託邦小說而起的。不過稱他們爲空想家，與其說因爲他們所抱的思想和穆爾所描寫的烏託邦相同，毋寧說因爲他們過於信賴人類底理性力來實現其理想，還比較正確些。

這里，簡單地說明烏託邦中所描寫的共產主義社會底狀況如下。

在烏託邦這一個理想社會中，沒有一點私有財產存在，對於生產財的私有財產，自然沒有存在，就是對於消費財的私有財產，也一樣沒有存實；實在行着完全的共產主義。譬如家屋，烏託邦底住人，每十年必須和別人更換一次，使他們不致發生這是我底家屋的情緒。膳食當然也是共同舉行。每人都有勞動的義務。不過每人每天，只消工作六小時便够了。夜裏休息時間，定爲八小時。其餘的十小時，各人可以任意使用。烏託邦裏的勞動，分做農業和工業。無論何人，必須從事兩年農業。除了農業，每人都須學習手工業爲特別的工作。兒子通常學習父親所做的手工業，但也得選習別種職業。在學習期間，寄宿於經營該項職業的人底家裏。

所謂高尚的勞動或自由職業，不是任何人所能自由選擇的；能够從事這種工作的，只限於僧侶所推薦的人或由秘密選擧所選出的人。這樣選出的人，得有時間做工作上所必要的研究。可是一旦明白他雖被選而不適任時，他便應當復歸於手工業。在別方面，一旦認識他雖從事手工業而宜於這種智識的工作時，也得有成爲所謂有教養者的機會。那麽所謂卑賤的勞動和討厭的勞動，究竟由誰來做呢？穆爾回答道：這種工作，由那些具有宗教的感激、自己願做的人來做。他們相信從事這種工作，最合於神意。此外，還強迫那戰爭所獲得的奴隷、罪人、及外國移民被宣告死刑爲烏託邦住民所買收者，來做這種工作。

其次、消費方面，也是共產的。一切生產物，都收藏於各都市的公共倉庫中。戶主得從這倉庫裏取得自己及家族員所必要的物品。戶主取得必要品，不消支付代價。因爲他已經提供了自己所應盡的勞動。原來共產主義社會中，是沒有所謂買賣的，所以便沒有所謂貨幣。——這樣，完全實行着共產主義底原則：『各盡所能各取所需。』

各家族取得必要的物品以後，倉庫裏還有餘物時，當保存至二年。烏託邦職員，當每年調查報告各個倉庫裏多餘若干，或缺少若干。根據這個報告，造出有無相通的組織。結局，這個理想國用不完的貨財，一部分無代價地頒給外國貧民，一部分賣給外國。所得的金錢，貯藏起來爲戰爭時雇入傭兵之用。此外，金或銀，用來製造極不要緊的工具或束縛奴隸的鎖鍊，使人們發生輕蔑金銀的觀念。

烏託邦底家族制度，依據一夫一婦制度，但家族生活，受有許多限制。一家底兒童數目，沒有確定；但是男子，達到成人之後，也須留在原來的家族中，而一家族大人底數目，規定在十八人以上十六人以下。超過這個數目的家族員，必須加入別的人數較少的家族。又在一都會住民數達到了一定數以上時，那超過的數目，當移入人口稀薄的都會。烏託邦全體底人口達到一定數以上時，又怎麼辦呢？那超過的人口，或移住別國，或移送殖民地。

這樣，在穆爾底烏託邦中，以正義和幸福，爲其心中的原理。一切個人，關於幸福的生活，享有平等的權利。因之某一部分人奢侈，別一部分人貧乏，那樣的事情，認爲非常違反正義，極力加以排斥。如果貨財不足，一切人都受痛苦。如果貨財充足，一切人都享安樂。這不是最合於正義嗎？總之，社會底一切人，苦樂與共，這是共產主義底根本原理。單抽出這點來看，共產主義的思想，決不是危險的東西，也不是反違道德的；實在苦樂與共這個原理，正是社會道德底極致。

穆爾底烏託邦底介紹，很簡單的，就此告終。

前面曾經說過，共產主義，是古來許多詩人所做的夢。然而共產主義，決不僅是詩人底夢。有許多人，高揭這種理想，欲從實際上實現出來。甚至於已實現的共產主義的社會，現在也有得存在着。我想舉出法國巴布夫（F. N. Baboeuf）底運動做前者底例子，舉出美國底阿瑪拿共產村爲後者底例子，加以若干的說明。

巴布夫結合法國革命時少數同志（但後來參加其計劃的人，達數千人）謀在法國實現共產主義。其計劃被破，他和他底同志，都於一七九六年被處死刑。他在一七九五年，做出他欲實現的共產主義國家底原理（卽綱領）。其內容如下。

『自然給與各人以享受一切財物的平等權利。』『社會底目的，在於防衛那自然狀態中往往有爲强者或惡人所破壞的這個平等，並由一切人員底共同勞動來增加共同的生活享樂。』然在今日，財物底享樂，決不是平等的，卽這個平等，爲强者或惡人所破壞。這不能不說是違反自然的理法的。所以這里有革命的必要。而『革命底目的，在於廢除不平等，恢復一般的幸福。』——以上是巴布夫底根本思想。他欲根據這個根本思想，把法蘭西改造成一個新共和國，卽共產主義的國家。然則他欲建設的新共和國，究竟是怎樣的東西？他底綱領之中，記載得很詳細。現在列舉其中重要的條文如左：——

（一）關於一般原則的：

第一條　共和國中，建設一個偉大的國民共產社會。

第八條　國民共產社會底貨財，由社會構成員全體來利用。

第九條　國民共產社會給與全體構成員以平等的相當的幸福。社會給與他們以全部必要的東西。

（一）　關於一般勞動的：

第一條　國民共產社會底各員，按照其能力，擔負從事農業及工業勞動的義務。

第二條　六十歲以上的老人及病弱者，免除勞動義務。

第六條　一日底勞動時間，每年以法律來規定。

（二）　關於財物底分配和消費的：

第一條　國民共產社會底構成員，無論何人，法律上都不許要求職員指定給他的以上的東西。

第二條　國民共產社會，從今日起，對於各構成員，保證如下的事項：

一、適合健康、心地舒服、設備完整的住宅；

二、麻或羊毛製的工作服及休息時的衣服……；

三、洗濯場、電燈及燃料；

四、麵包、獸肉、鳥肉、魚肉、牛酪、油等食料品底充分的份量，酒及其它日常用的料，菜蔬、果實、調味料及其它日常質素的幸福上所不可缺少的東西；

五、醫療津貼。

第三條　各共產團體中，規定一定的時間行共同的膳食，凡屬於該共產團體的人，都應該參加。

第八條　各共產團體都有職員，分配國民共產社會各員底農業及工業的生產物，交給各員底住宅。

第九條　這個分配底根本原則，由法律來規定。

（四）關於貨幣的：

第一條　共和國不鑄造任何貨幣。

第二條　流入國民共產社會的貨幣，用來向外國購買必要的貨財。
第三條　來到國民共產社會的外國人，若對國民提供貨幣時，加以嚴重的處罰。
第四條　這共和國中，嚴禁金銀底輸入。

以上是巴布夫想建設的共產共和國底根本原則。關於這些條文，恐怕沒有另加說明的必要。因爲由上所述，自然可以明瞭。

最後，我想就現存的共產團體，那有名的阿瑪拿共產村，作簡單的記述。所謂阿瑪拿共產村，是以美國阿伊俄華州底阿伊俄華市爲中心，由七個小村構成。這個團體，爲德意志一團敬虔的基督教徒所建設。他們因爲受不了宗教上的壓迫，欲完全享有平和與宗教上的自由，故依神底啓示，建設這個團體。這是一個宗教團體。他們在這里買收土地，實際開始建設的事業，約在一八四〇年。其後經過歲月，約八十年，現在還繁榮着，而且還處於大資本國的美利堅底中心，這實在不能不說是一個奇蹟。我在前面敍述歐文底共產村底失敗時，曾經說過要實行共產主義，必須於下面兩個條件中具備一個：或有強大的權力存在，或各人都有熱烈的宗教信仰。現在這阿瑪拿共產村，正是這後者底適例。我們可以說，阿瑪拿共產村，因爲各人都是具有熱烈信仰的人，能夠遵奉嚴格的宗教誡律，所以至今還沒有消滅。

阿瑪拿共產村，總面積有二百英畝，住民數時有增減，據一九二一年底調查，約有一千五百人。這個村莊底社會生活狀況，大概如下：——各家族都住在具有同樣形狀的獨立的家屋，家屋是村底共有物，但家財器具是各人底私有物。有許多家族，現在還領有以前從德國移來時所帶來的家財。結婚雖不加禁止，但不是自由的。要結婚的人，須先得到村公署底許可。男子在二十四歲以前，不許結婚，就是已經被許可結婚時，一年內也不能舉行結婚式。和村外婦人結婚的男子，卽使其夫人有做村內住人的意思，也不能不一時退出村外。然而這種情形是很少的，普通總是和村內婦人結婚的。

膳食不是各家族各別舉行，乃是和村人共同舉行的。各村建造四個至十六個食堂，每一食堂有三十至五十個家族，在一處行膳食。膳食時間，早餐夏天定在六時，冬天定在六時半，午餐定在十一時半，晚餐定在七時；此外，午前九時和午後二時，還各有一次簡單的中間餐。以多喫好物爲習慣。在這食堂中，和祈禱時或集會時一樣，男女席次分列。準備膳食是年輕女子底事，在老婦人監督之下來處理。

住民底主要產業是農業。此外，限於需要存在的範圍內，實行手工業。有製鞋業、裁縫業、木工、鐵匠等重要的手工業。以自給自足爲原則，來行生活必要品底生產。又有製粉工廠、織物工廠及造酒工廠等，這些工廠工作場，決不是屬於一個人所有，而爲該村底共有財產，那是不消說的。

村內住人，不能自由選擇自己底職業。被選的十三個職員，分派工作於各人。一切村人，都負有勞動的義務。到了秋收，農業裏需要很多人手時，連那從事手工業的人，一時也不能不從事農業。

無論男女，都穿質素簡單的服裝。女子現在還穿着二百年前的服裝。婦人製作自己底衣服和兒童底衣服。男子的衣服，歸村內裁縫師製作。

這樣，衣、食、住三者，都由村來供給；但其它的貨財，各人却從各村所置的共同倉庫裏取得，共同倉庫裏貯藏着很多必要的物品。村人對於從這倉庫裏取得的物品，並不付給貨幣；各人按照『公平和正義』的原則，一年得從倉庫取得二十五圓至五十圓的信用，根據這個信用來領取物品。

村內教育設備，又怎麼樣？七個小村，各有一所學校，五歲至十四歲的兒童，一律入學。他們都有入學的義務。學校底課程，從早到晚，分做三個部門。就是膳食時間、授業時間、勞動時間。總而言之，學校生活，爲兒童底全生活。在勞動時間內，兒童學習各種手工，較大的兒童，每天有二三小時，或進入工廠，或從事農業，藉以體驗勞動底實際情形。

以上是阿瑪拿共產村生活底概況。上面我已經把一詩人頭腦中所描寫的共產主義、一革命家作爲實際運動底綱領的共產主義、最後已經實現的共產主義，都加以簡單的說明了。共產主義是什麼東西，我想讀者諸君，大體總可以瞭解了吧。

第五章　無政府主義

一　概說

無政府主義，是一個以自由為中心觀念的社會思想，我在緒論裏已經說過了。無政府主義，往往因「無政府」一字，被人誤解為主張實行暴力的兇暴行動的思想。不消說，無政府主義者之中，有人主張採取暴力的行動，但不是一切無政府主義者都是這樣的；其次，就是主張暴力行動的人，也只是主張以它為實現其思想的手段或方法；所以那暴力的行動，應當和無政府主義思想本身區別來考察。有些無政府主義者，想用平和的方法，來實現無政府主義。這和社會主義中的情形相同：有一派社會主義者，主張以勞動者底直接行動來實現社會主義，另有一派社會主義者，主張以立憲的方法（在議會裏占得多數）來實現社會主義。總而言之所謂暴力的行動，並不是無政府主義底本質的部分，只是第二次的、政策的部分；這事，我們應當首先明白。

第二，有人以爲無政府主義是社會主義底極端。有很多人以爲無政府主義者抱有和社會主義者相同的理想，是社會主義中底極左黨，不過他們欲以暴力的行動來實現那社會主義者欲以平和的方法來實現的東西。這不能不說是完全錯誤的解釋。社會主義和無政府主義，無政府主義不僅在政策上不同，竟是在根本思想上完全相反的。前面已經說過，社會主義以平等爲中心觀念，重視所謂統制；反之，無政府主義以自由爲中心觀念，反對所謂統制。從國家、從法律、從一切種類的支配，完全自由出來，這是無政府主義底根本要求。

無政府主義，無論在政治上或經濟上，都主張自由主義；先說其政治上的主張，大體如下：——

把一切國民放在完全自由的境地，便自然會生出調和的共同生活——這是一切無政府主義者相同的主張。依什麽理由會生出調和的共同生活，關於這一點，各人底說明不同，等後面去說。總而言之，無政府主義者，都以爲國家用種種方法來干涉個人底生活，非但無益而且有害。排斥國家干涉個人生活（尤其是個人底經濟生活）的思想，是十八世紀至十九世紀一時最有力的思想，要把國家底工作減縮到最少限度。他們以爲國家只要防禦內外敵人保護個人便够，此外，國家出面來做別的事情，例如獎勵產業或自己經營產業，是有害無益的，所以他們主張一切都應當放任個人自己去做——這自由主義，是現代資本主義組織底生母，那是我們已經熟知了的。——無政府主義，比自由主義更進一步，主張把國家根本消滅。抵抗內外敵人來保護自己，也可以讓各個人自己去做。無政府主義者說：所謂內外敵人，大體因爲有了國家做種種事情而生，一切個人都自由時，不會生出那種防衛自己之必要，即使生出那種必要時，多數個人也能自發地以自由意思結合起來防衛，用不着什麽國家。

否定一切種類的法律（不論現存的法律，或將來要制定的法律）也是無政府主義底一個特色。法律原來是國家所制定的，根本否定了國家，當然要否定法律。所謂否定法律，便是否定那支配各個人行動的外部的強制。這不能不說是高唱個人自由的當然的結論。但是個人並不是單獨生活着的，他實在由賣買、租借、或學校、道路、鐵道底建設、以至於結婚等，和別人結成一種關係而生活着。規律這些人和人底關係的是什麼？現在是法律。但在無法律的社會由什麼來規定呢？無政府主義者回答道：那是以自由意思締結的契約。就是在無政府主義的社會，抱有共同目的的多數者，爲達到該項目的，自發地組織團體，但無論什麼時候，都得自由退出團體。沒有以法律強制的事情。賣買、租借等事，也概以自發的個人的一致來做。什麼商法或民法，都沒有存在。男女能夠自由結婚，什麼法律上的手續，完全不要。只依彼此同意，互相擔負權利和義務，沒有什麼以法律來保證或保護的事情。

以上所述，是政治理論上的無政府主義（無政府主義，如其名稱所表示，其發展是偏重於政治理論的）。現在我們要問一問它底經濟理論，又是怎麼樣呢？在經濟理論方面，無政府主義有很多的流派，不能發見一切無政府主義者都相同的理論；就大體來說，多爲私有財產肯定論者。關於這一點，也和社會主義相反。不過無政府主義者，雖然多半爲私有財產論者，但決不是照舊不變地承認現存的私有財產制度。他們知道現存的私有財產制度中，附着許多不正義的事情。所以他們主張改造私有財產制度。洗淨那些不正義的事情的私有財產，便可以做無政府主義社會底基礎。以個人人格底自由發展、個人活動底最大限度的範圍爲目標的無政府主義，主張那人格底發展、活動底自由所不可缺少的財產底私有，不能不說是當然的事。

然在無政府主義之中，也有人關於財產的問題，抱着與此不同的見解。卽所謂共產主義的無政府主義，或叫做無政府共產主義。這是一種欲在無政府主義原則上面來實行共產主義的思想。但如我們前面所說，無政府主義以自由爲根本原理，共產主義以統制爲中心觀念，彼此互相排斥；所以這無政府共產主義，從一方面看來，可以認爲採取兩種主義而成，從別方面看來，又不能不說是理論的不澈底。不過他們所謂共產主義，只在狹小的地方的、自治的、獨立的自由團體底內部，來實行共產主義，所以和上面所述的那種以一國爲一單位來實行大規模的共產的情形，大不相同。上面所說的共產主義，竭力想在廣大的範圍內集中地來行共產，而無政府共產主義，却欲分散地、地方地來行共產。

因爲這種理由，所以在無政府主義之中，也想分別來說明：把承認私有財產制度的，叫做個人主義的無政府主義；把否認私有財產制度的，叫做共產主義的無政府主義。前者底代表，我選出英國底高德文法國底蒲魯東德國底斯梯納這三個人；後者底代表，我選出俄國底巴枯寧和克魯泡特金二人。下面便簡單地敍述他們各人底思想。

二 高德文

最初系統地構成無政府主義理論的人，便是英國高德文(W. Godwin)。高德文生於一七五六年，死於一八三六年。所以他比前述的歐文，還是先輩。他年幼時，便受宗教的教育。一七七八年，他二十三歲時，畢業於大學，便開始過牧師生活，但他對於基督教的信仰，其間漸漸動搖，遂於一八七五年，斷然拋棄牧師生活，到倫敦去過筆墨的生活。

使高德文名垂不朽的，是他底名著政治的正義，作於一七九三年。這是他從事文筆工作以後八年的事。他之所以作政治的正義（詳細地說，是關於政治的正義、及其對於一般德行及幸福的影響的一考察）一七八九年的法國革命一個動機，那是不待言的。原來那一次的法國革命，是自由主義對於政治上的專制主義的勝利，在人類歷史上值得永遠的記念；所以它對於那早已懷疑上帝、憧憬自由主義的高德文，不能不給與一個強烈的刺激，喚起他底熾熱的心。於是他想把大陸所燃着的自由之火移到英國來，把流於法國革命怒潮中的思想闡發明白；到了一七九一年，便開始下筆著述了。他爲完成其著述而費的勤勉和努力，非常可驚，他本來不很康健，但在康健所許可的範圍內，却拚命地工作。雖一言一句之微，也不肯苟且從事。聽說他改作七次。這樣小心下筆，三年之後，一七九三年，才成功了政治的正義。

這本書一出現，對於社會一切階級底人，都給與種種的感動。當時，在那恐懼法國革命底影響、努力壓抑自由主義思想的英國樞密院首先把這本書當作問題，不過因爲當時首相披脫認這樣高價的書（定價三『基尼』約三十二圓）決非貧乏的勞動者階級所能購買，才得避免禁止發賣的災厄。然而勞動者們，竟共同聚集金錢來購買這本書，非常熱烈地來閱讀。披脫底豫想完全錯誤；勞動者由這本書受了強烈的感動。這本書給與當時的人以強烈的刺戟，再沒有別的書可以相比；高德文爲人們所談論，爲人們所渴仰，所憧憬，也沒有別的人可以比得上。著名的詩人華茨華斯說，『雖燒盡了化學的書，也當讀一讀高德文底必然論』，是有名的說話。——因此，高德文便藉這一本著作，一躍而爲思想界底第一人。其後，高德文也發表了種種論文和許多戲曲，但都沒有引起世人底注意。高德文底全生涯，由這政治的正義來代表。這本書在他底生涯中具有最大的意義，覺可以說高德文是爲做這本書而生的。

關於高德文底生涯，還有第二件不能看落的大事，就是他於一七九七年，和伏爾斯頓克拉夫脫女士(Mary Wallstonecreft)結婚。伏爾斯頓克拉夫脫女士，是女權擁護論底著作者，這本書被稱爲世界最初主張女性解放、婦人參政權的著作。她是當時論壇上耀如明星的大思想家。高德文和這樣的婦人結婚。這實在是思想界二大明星底結婚。當時的人，都祝福他們二人底幸福生活。人們都說他們二人底生活，是人間所僅有的幸福的生活。不幸人們所羨望的這種幸福生活，不能長久繼續，僅僅一年之後，高德文夫人便因產後身體不好而病歿了。留下一個女兒陪伴着高德文。——這個女兒後來嫁給詩人雪萊(Percy Byssbe Shelley)爲妻。

這樣，高德文底生活，只有一時的幸福，不久便投入黑暗中了。現在要問一問：他由政治的正義所贏得的文名，能不能長久繼續呢？不能長久繼續。誠然，政治的正義在他底生存中，於一七九六年和一七九八年，各重版一次，於一七九七年出了名爲研究者的論文集，但是不久便出現了一種嚴厲批評高德文思想的著作，即馬爾塞斯底人口論，使高德文底名聲一旦墮地無光。簡單地說，馬爾塞斯依據人口增加的法則，對於高德文底無政府主義思想與其中所包含的優美的空想，加以徹底的批評，把它打得粉碎。人類所能懷抱的優美的理想，被冷酷的現實所打破。因爲馬爾塞斯底理論，給與資本主義以一個很好的口實，所以能夠得到時勢底後援，完全葬送了高德文底思想。

十八世紀末葉被人仰爲思想界底明星的高德文，到了十九世紀，竟變成了一個平庸的文筆勞動者。有人說高德文活於十八世紀，十九世紀只是他底殘生，這句話是很對的。他眞從社會底表面隱藏去了。甚至於自己底女婿雪萊，也發出『你還活着嗎？』的說話。日本河上博士底書中，載有雪萊於一八一一年寄給高德文的書信。其中有如下的文句：『我把你底名字加在有名的死者之列了。我很以爲遺憾，像你這樣的人格者底光榮，離開了我們這個地上。可是事實並不如此，你現在還生活着。我確信你依舊爲人類幸福來設想。』——高德文不能不賣文章來求得生活資料。後來他又開了一所書店，不幸不能如意進行。最後，由朋友底盡力，得做財政部底門衛。那是一八三三年，他在七十七歲的時候。到了一八三六年，以八十歲的高齡，永遠離開這地上了。——曾經一提筆便使當時支配階級變色的高德文也終於不得已做一個財政部底門衛而死。這便是最熱烈希望人類幸福的偉大思想家底結局。如果有所謂運命便不能不說它對於高德文，甚至於對於全人類，都非常冷酷。

高德文認定人底理性有萬能的力。他抱着一種強固的信仰，以爲只要一切人底理性都弄明白，現在社會所存在的那種惡德和貧困，便馬上能够離開這個世界。同時，他以爲規律人底行動的，只有一個法則，那就是正義。然則他所說的正義是什麼呢？就是『爲增進社會一般幸福而做的努力』。如果人底理性沒有被埋沒，人便馬上能夠知道什麼是正義，什麼可以增進一般的幸福，並能驅逐那些違反正義的制度害惡，造出理想的社會：這是高德文底根本思想。所以他對於那埋沒理性的人、違反正義的人（卽傷害一般幸福的人）感着極度的憎惡。他底無政府主義思想，就築在這種根本思想之上。

我們先從他底政治思想方面來看。

高德文底政治思想，可以簡括於他所說的下面兩句說話中：一句是『法律是帶着最有害的作用的東西，』另一句是『國家是必要的害惡。』我們首先要問他爲什麼把法律看做帶着最有害的作用的東西？原來法律，是用來規律人類底行爲的。且來看一看：法律究竟能不能夠擔負這個任務？人類底行爲，千差萬別；而且何種行爲有害，何種行爲有益，這種事也斷難決定。有些行爲一見好像有益，若進一層去考察一下其行爲所及的影響，便知道它有害；也有些行爲，剛剛與此相反。所以要就一切種類的行爲來規定哪一些行爲不可以做，決非法律所能盡職，這是當然的事。如果還有人主張法律可以使人們做事有所依據，對於這種人，我們只消請他看一看訴訟時底情形便得。在訴訟時，甚至於號稱最通法律的人們之間，也會有完全相反的意見。這是說明什麼事實的呢？不消說，是說明法律不能做人類行爲底規準。根據同一的法律，這一個人可以認甲底行爲爲是，別一個人可以認乙底行爲爲是。人們又說：法律是由我們祖先底深謀遠慮所造出的。其實，這句話是最大的誑語。法律並不是由我們祖先底深謀遠慮所造出的，實在是他們底激情、怯懦、嫉妒、偏狹、支配欲等底產物。

法律這東西，不僅如此無益有害，它所及的影響，還有可怕的事情。原來法律是強迫服從的，它只是把人變做奴隸。如果人過慣了服從生活，他底理性便永遠沒有覺醒的時候。人只依賴法律。人不能以自己底理性來判斷自己行爲底正邪善惡。只要法律不加禁止，即使從正義的觀念看來是很壞的行爲，也得以法律不禁爲理由，安然去做。法律不是促進一般的善良，實在只是製造一些躲在法網裏、肆無忌憚、恬不知恥的惡徒。這樣，法律使人奴隸化、卑屈化、陰險化。社會底生活，決沒有因爲有法律而好起來。

高德文這樣地批評法律之後，主張以正義（卽增進全體的幸福）代替法律，來做人類行爲底規準。如果人底理性覺醒了，那時什麽是正義，什麽是增進全體幸福的行爲，便一目瞭然。所以那時只要『人對於他自己底行爲負責任』，叫各個人擔負絕對的責任，人便不會做壞的事情。——高德文從這很樂觀的思想出發，以爲卽使沒有法律，也決不會沒有秩序，反使各個人底人格能夠自主獨立，同時社會全體底幸福能夠實現。

其次，對於國家，也抱着同樣的思想。——人不可不做自己行爲底絕對判斷者；人是道德上的獨立者，這個獨立，無論在什麼意義上，都不可受損傷，因爲道德上不獨立的人，算不得一個人。那麼國家是什麼？那就是『支配』的意思。高德文以爲一切支配（人支配人的事）都是惡的，都是拋棄我們自己底判斷力和良心的。如果以爲在今日人類底狀態之中國家是不可缺少的東西，在這個假定之下，高德文也不主張馬上消滅國家，不過就是在這個場合，他也不因國家是必要的，便認國家是善的。他以爲只能認爲『必要的害惡』、『不可避的害惡』。所以我們不可不努力把國家底害惡減少，這事可以由縮減國家底工作到最小限度而做到。高德文舉出兩件事爲國家當做的工作，即『抑制對於國內各個人的不正行爲，及共同防禦外敵底來襲』。一件是維持國內治安的工作，另一件是防備外敵的工作。國家只要做這兩件事便够了。此外辦理教育、經營產業等事，用不着國家來管。——高德文這種國家觀，和社會主義底國家觀有怎樣的不同，想讀者諸君不難理解。

關於國家底組織，高德文也抱有無政府主義者所特有的見解。這就是以爲國家組織應當採取地方分權制，不當採取中央集權制的見解。據他所說，國家底害惡與其範圍底大小成正比例，在人人結合爲自主獨立的小團體時，卽使有權力支配的現象，其害惡也比較不大。所以他反對把國家底權力集中於中央，主張國家內造出若干小團體，這些小團體各行自主獨立的政治，團體間底交涉力求減少，由此來減少國家所生的害惡。

以上，我已說明了高德文底無政府主義思想底政治理論方面。其次，當說一說他底經濟理論，尤其是他底財產論。高德文底財產論，也以正義的觀念貫串起來。他底財產論，依據他自己底說話，也是確立政治上的正義的基礎，又可以說是他底無政府主義底基礎。所以這財產論，在理解他底思想上，是最重要的一部份。

據高德文所說，財產應該屬於何人，可以用正義的觀念來決定。就是依據正義的觀念，財產應當屬於最需要它的人，或屬於最適宜領有它的人。例如甲有百塊麵包，乙一塊麵包也沒有，正將餓死的時候，正義便對甲下命令，叫他分麵包給乙。甲不分麵包給乙，就是不正。同樣，這一個人拚命勞動，害及心身底健康，別一個人過着奢侈的愉快的生活，也是不正。後一個人應當須給前一個人以生活質料。——一社會底人都處於平等的幸福的狀態，這是正義所要求的。然平等的幸福，懸於平等的財物底消費（不消說，幸福底分量，決不能單以財物底多寡來計算）所以正義便是要求財產底平等分配。

然在今日，財產底分配，不是平等的。今日的制度，得因偶然的出生不同，有的做貧乏人，有的獲得巨萬的財富。有人說：勤勉勞動的人，可以得較多的財產。可是事實上，有些人非常勤勞，還不能避免飢餓，有些人却生來便握有鉅富。這種事實，把那認財產爲勞動底結果、辯護財產底不平等的人底論據，一脚推翻。而且較多的勞動應當取得較多的財產這一種意見，也是錯誤的。就是那種做了空前的優秀勞動的人，也沒有理由可以取得自己所不需要而別人所最需要的東西。還有一個關於財產的錯誤見解，那就是宗教家底見解。宗教家勸告富人，分一部分財產給貧人。但他們並不認這種行爲是正義所要求的當然的行爲，他們只說這種行爲是富者底善行及仁慈底發露，卽所謂善根功德。因此，富者僅僅拿出一部分財產來救濟貧民，便自以爲功德無量，做了無上的善行。至於他領有其餘的財產，並不以爲是不合正義的。高德文以爲這種關於財產的意見，也是不對的。

高德文從這種正義的要求出發，主張財產底平等，並不是建立於生存權的主張上面。這一點，與後述的斯梯納，大不相同。斯梯納說：貧乏人有要求分配富者財產的權利，卽貧乏人向富者奪取財產是當然的事。我們可以說：斯梯納底主張是急進的，高德文底主張是道德的、溫和的。

高德文還進一步去比較評論平等的財產制度和不平等的財產制度底長短，指摘當時財產制度底害惡。其中很有許多可聽的東西。不平等的財產制度，生出如下的惡結果。

（一）使無產者卑屈化、奴隸化。其實不止無產者。一切人對於那比自己多有些財產的人，都變爲卑屈，成爲奴隸。富者越發傲慢；人類底大多數，陷入了無異做少數者底奴隸的狀態。在這卑屈感和優越感中，如何能夠發見良美的德行？

（二）富者以奢侈來誇示自己底優越。所以大家都常常爲那欲得財富的熱望所刺戟，以致社會之中充滿了利己主義者。然則財富怎樣能夠獲得？不做狡猾的行爲，究竟能不能夠貯蓄巨萬的財富？在小學校裏，雖知道做人應當正直，但一走入社會便把什麽正直拋到九霄雲外了。

（三）一切人日夜所打算的，只是如何能夠得到財產，和如何能夠增大財產，以致人類智識底進步，大受損害。無產者不能不勞心於獲得明日的食物。一天做了激烈的勞動之後，哪里還有研究智識的餘裕？這種社會之中，即使出了很大的天才，也決不能發揮他底才能，因爲他受吝嗇的富豪底支配。

（四）貧之爲犯罪之母。原來人類犯罪的動機中，以生存的必要爲最強。高德文這樣說道：——最初的犯罪者，便是那排斥別人獨占某物的人。那種大叫這是我底所有物，別人不得加以觸犯的人，便是最初的犯罪者。這顯然是正義底蹂躪。今日決心推翻這個獨出的人，即決然要求那所有者有餘而自己不可缺少的必要物的人，在他自己底心裏，以爲他自己是這被蹂躪的正義底復讎者。現在一方面有人有多餘的財產，別方面有人一貧如洗，連生命都很難維持。我們若要目睹這種情形而無動於心中，第一便當拋棄正義的感情。（向來有所謂劫富救貧的『俠盜』，就是爲恢復被蹂躪的正義來做盜賊的人。這種盜賊一定能得到高德文底同情。）

（五）不平等的財產制度，是戰爭底原因。如果一切人都有豐富的生活資料，誰都沒有多餘的財產時，戰爭怎樣能夠發生？要使人到戰場上去拚性命，不能沒有一種好餌。假使以法律來強制，向一人一人去說，戰爭怎樣能夠開始？實在，戰爭底目的和動機，都在於奪取財產。

（六）兒童之中，有不少的部分，因爲財產制度不良，在嬰兒時便被絞殺了。

高德文以爲這些罪惡，能夠由財產底平等來完全消除。如何實現財產底平等？關於這個方法的問題，他主張用平和的方法，即由擴大眞理來喚醒人底理性。關於這一點的說明，這里從略。有一派無政府主義者，主張以所謂『行爲宣傳』或直接行動來實現其理想；反之，高德文却固執平和的方法，且堅信理性底力量。在這一點，他和前述的空想的社會主義者相同，也就是高德文被人稱爲一個空想家或詩人的原因。

三　蒲魯東

一八四八年二月，法蘭西所起的所謂二月革命，勞動者階級一時完全登上支配的地位，是人類歷史上應當大書特書的事。關於勞動者階級走到握取政治權力的路徑也有許多引起我們興味的事實；可是對於我們更有興味的，還是許多爲完全解放勞動階級而行的建設的工作。實際，在那革命的當時，有種種社會思想，如百花一樣，一時齊放各競其美。有的提倡社會主義，有的主張共產主義，有的宣傳無政府主義，也有發揚聖西門思想的人，也有欲實現傅利葉思想的人；又有如路易柏郎（Louis Blanc）那樣，主張建設社會工廠，以國家費用設立生產組合；還有如卡伯（Cabet）那樣的人，著作伊卡利航海記，鼓吹共產主義思想。又有布浪葵（Blanqui）那種主張革命的社會主義的人。這里所述的蒲魯東也是這時代底人。

蒲魯東（Proudhon）於一八〇九年生於法國底柏桑爽（Besancon）。談及柏桑爽，便是那傅利葉底誕生之地。蒲魯東底父親，是一個小小的造酒業者，據說是很正直的人。蒲魯東給與一個朋友的書信，說其父底正直如下：——『父親眞是一個正直的造酒業者，他從來不曾以生產費以上的價錢賣酒來賺錢。父親以爲這樣賺得的錢是不道德的。父親常常這樣說道：「這酒裏加上自己底報酬，費了這些費用。我不能以超過這數目的價錢來出賣。」其結果怎麽樣呢？親愛的父親，一生貧乏，留下貧乏的兒子，死於貧乏之之中。』因爲家境如此貧乏，所以蒲魯東從小便須幫助家事。後來因某人底好意，得進學校讀書，但因家事上的關係，常常缺課。

蒲魯東非常熱心求學。他是一個連學用品都不能充分購買的貧苦學生，但其成績却冠羣輩。據說他有一次領到學校賞與，高高興興地回家，竟得不到喫的東西。在這種情形之下，自然不能長久在學校裏讀書，不久便做了印刷職工。一八三六年，他二十七歲時，和朋友共同經營印刷工場，二年之後，那個朋友因事自殺，便獨當經營之任。在這期間，他仍不放棄學問底研究，常常踏足進圖書館。到了一八三八年，領得柏桑爽學士院底獎學金（即三年間每年一千五百法郎），到巴黎留學。其結果產生他那有名的財產是什麼？（一八四〇年）他在這本書中，從種種方面來研究私有財產底根據（即因什麼理由，人能所有財產）結果，喝破『私有財產是贓物』。

蒲魯東底名聲，一時因財產是什麼一書而提高。『財產是贓物』這一句斷言，足使世人落膽。輿論以這本書為中心，捲起一大旋渦。例如交付獎學金給蒲魯東的學士院，欲中止給與獎學金。又如司法大臣，認此書為紊亂秩序的危險的著作，欲起訴蒲魯東。因朋友布浪葵底疏通，才免除起訴。蒲魯東在這本書中，公言自己是『無政府主義者』。

一八四三年，蒲魯東移住里昂市，經營運輸業，但仍沒有中止學問底研究。一八四六年，發表了貧困底哲學一書。（對於這貧困底哲學，抱有和蒲魯東相反的意見的馬克思，發表哲學的貧困一書，批評這本書）一八四七年，他停止職務，同轉巴黎；不久發生二月革命，他發行一種雜誌名叫人民底代表這雜誌常受禁止發賣的處分，不得已而廢刊，後來又發行題爲人民的週刊雜誌。一八四八年六月，從巴黎當選爲代議士，那時，他對於革命臨時政府，建議設立有名的『交換銀行，』不被採納（關於他底『交換銀行』底計劃，等後面去詳說）到了一八四九年，反動的勢力漸次擡頭，蒲魯東也罹筆禍，被處三年禁錮。他在獄中，或投稿於種種雜誌，或從事著述。一八五二年，三年刑期終了，出獄之後，住在巴黎，執筆著述。到了一八五八年，又因違反出版法，被宣告三年的禁錮。於是他逃出巴黎，到比利時，住於布拉塞爾。一八六三年，被許回到法國，住在巴息（Passy）地方養病，還不斷地執筆著述。一八六五年，遂與世長別。

蒲魯東是一個革命的思想家。他和一切革命思想家一樣，從批評私有財產制度出發。他認定私有財產制度是當代社會組織底根柢，同時又是一切不正義底源泉。問題在於以什麼東西來代替這私有財產。聖西門、歐文、傅利葉、卡伯等，都描寫出優美的空想世界——烏託邦作爲解決底方策。蒲魯東生於他們之後，那時已經明白這些方策都不過是一片空想，自然不能再走那些空想家底道路。於是他對於空想的社會主義者，也放了批評之矢。蒲魯東一方面反對私有財產制度，別方面反對空想的社會主義，發展他那獨特的經濟理論和其上所築的無政府主義思想。蒲魯東雖然說過『財產是贓物，』但他並不是反對任何形式的財產的。他所說的『贓物』是指現在那種爲一部分人所獨占的財產。他想使一切人都成爲公平的、平等的財產底所有者，他以爲這種財產所有，才是最適合正義的東西。

我們先來聽一聽他對於私有財產的批評。

據蒲魯東所說，『所謂財產，就是享受別人勤勉或勞動底成果，或自由處分這成果的權利。』蒲魯東以爲生產貨財的是勞動，所以只有從事勞動來生產貨財的人，對於貨財有自由處分的權利，才是正當的事。然而現在財產底所有者，却握有享受這別人勞動底成果的權利。所有者得以地租、利息、租費或其它種種名義，要求生產物底一部份。從那只有勞動生產貨財的見地看來，不勞動的所有者取得別人勞動底一部份這一件事，無異於以無求有。換句話說，所有者對於生產的作用是零，但從其結果中取得五，這便是他領有財產的緣故，即財產不外是盜取的權利。

蒲魯東在財產是什麼一書中，說過這樣的話：——『在我所生的有光榮的有產階級道德的現世紀中，道德觀念是極其卑陋的。所以即使有許多堂堂的所有者來質問我，哪里不正，何處不法，我也決不驚怪。醜劣的生物！電氣裝置的死骸！即使我向你們指出那種事實，你們也決不肯承認是贓物。』然則所有者以什麼形式取得贓物？他們做了些什麼不正不義？蒲魯東舉出贓物有下面十五種形式：(一)由於道路謀殺的；(二)由於單獨或共謀的；(三)由於破壞家屋或穿貫障壁的；(四)由於竊取的；(五)由於詐欺的破產的；(六)由於僞造官吏或私人底文書的；(七)由於製造假紙幣的；(八)由於詐欺的；(九)由於拐騙的；(十)由於濫用信用的；(十一)由於競技及抽籤的；(十二)由於重利盤剝的（不論銀行家或放重利者，沒有什麼區別；（十三）由於田地租、房租及一切種類的租賃費的；（十四）由於商業的（指商人底利潤超過其合法的報酬而說。蒲魯東以為商業就是一種以三法郎買進值六法郎的東西，以六法郎賣出值三法郎的東西的法術。這種思想，和傅利葉及歐文底思想極其類似。『商業是教育虛偽的大學』便是他們共同的意見。）（十五）由於生產底利潤的，由於接受捐助的，由於領取過份報酬的等等。財產所有者，採用這些方法如何之多，那是不消說明的。

財產照這樣說來，顯然是一種贓物，是人對於人的支配，是不正不義，但還有許多人辯護財產。他們立在什麼根據上來辯護財產？據蒲魯東說，其根據有三，即占有、民法、勞動。蒲魯東把這三個根據，一一加以考察，結局達到一種結論，就是這些根據，決不足以辯護財產底存立。現在且來聽一聽他底說話。人由於那活在這地上的無可懷疑的事實，有一種占有某物的權利，換句話說，有一種排斥別人只歸自己使用某物的權利。人要生存，不能沒有一種原料來供他勞動。人要維持其生命，不能沒有一種物質來供他消費。這是不能懷疑的事實可是生存這地上的人數，不是永久不變的。卽因出生和死亡，占有者底數目常有變化。因之各人所能要求的物質底數量，不能不隨着占有者底數目而有變化；結局，每人得占有若干物品，也常常發生變化。所以這些物品是屬於我的，這些物品隨時得由我自己任意處分——這種占有底數量，也不是確定的。就是財產不能由占有這個根據來辯護。第二，民法決不是爲保護不平等的財產而作的。最初作民法底目的，不過要使人底占有物，不受別人底侵害。不消說，因民法保護占有，承認占有物底繼承，使財產得以確立，是一種事實，但這只是民法底結果，而且只是壞的結果；我們決不能因爲是民法所作出的，便說財產是正當的，合於正義的。依照民法本來的旨趣，財產應當是平等的。總而言之，各占有者只有利用該物的權利，不是永久不變的所有者。他只是受社會委託來保管該物的。他負有利用並維持該物的責任，使它最適合於一般的利益。

最後，那做財產底根據的勞動，又怎麽樣？無論什麽人，要以自己一人底力量生產一種財物，是不可能的。蒲魯東在財產是什麽？一書中這樣說道：——「誰敢這樣主張：我以獨力生產我自己所消費的一切東西，我不要其他任何人底幫助？初期經濟學者看做唯一的生產者的農夫——得石工、木工、裁縫師、水車工、麵包工、肉工、野菜工、鐵工等人底幫助，獲取房屋、家具、衣服、食品的農夫，他眞能够誇口說以他自己底力量，不借任何人底幫助，來行生產的嗎？』就是任何財物，都不是單獨的個人勞動底結果，乃是多數人結合的勞動底結果，換句話說，就是社會所生的，所以它是社會底東西。勞動者對於他自己底生產物，只有取得平等分配的權利，和構成該社會的別的人一樣。反之，他對於其他一切人底勞動底生產物，也有取得平等分配的權利。這樣，一切生產者，互相享有權利。因之勞動者，並不是他所生產的全部物品底占有者，更不是什麽所有者。因此，勞動不能做財產底根據。——蒲魯東這個意見，卽認生產由一切人底勞動底結合而成的意見，實在不能不說是偉大的思想。像那所謂勞動全收權的主張，決不能立在這個思想底面前。——蒲魯東特別用力說明人類生活底社會性。他底協同說和正義觀，都從這一點出發。

其次，他對於社會主義及共產主義的批評怎麽樣？他這樣說：『社會主義是單純的無，它現在既不是什麼東西，將來也不是什麼東西。』他又對於共產主義這樣說：『共產主義者呵！有你們在，是我底鼻尖底惡臭，我連你們底模樣都討厭看！』蒲魯東對於社會主義及共產主義，發出這樣激烈的憎惡的說話；他之所以說這樣的話，是因爲他想避開和社會主義及共產主義做同道。蒲魯東之所以嫌惡社會主義及共產主義，由於它們限制自由這一點。他對於自由，表示極端的讚仰。他自己說：——『自由是我底學說體系底總和（良心底自由、出版底自由、勞動、商業、教育底自由，勞動及勤勉底產物底自由處分），是無限的絕對的不問時空的永遠的自由』。他這樣重視自由，當然要嫌惡社會主義及共產主義那種課與勞動義務的事。他以爲在共產主義中，勞動不是自發的行爲，只是依命令來做的受動的行爲；在那里，人底個性、創意精神及愛情，全被否定。他以爲在那里是『強者爲弱者工作。不管它不正；勤勉的人爲懶惰的人工作。不論它不合理，賢者爲愚者工作』。而且共產制度，也是一種不平等的制度，不過其意義和私有財產制度不同。在私有財產制度中，由於物理的精神的力，蓄積的財產之力等，產生不平等；在共產制度中，由於『把凡人和秀士同列，』產生不平等。換一句話來說，私有財產制度是強者搾取弱者的制度，共產制度是弱者搾取強者的制度，兩者在搾取一點上，其缺點是一樣的。最後，共產制度也『是壓制的，奴隷制。』人類原來欲求自由。人欲自發地遵守義務，自發地勞動，自發地爲他人服務。就是人不欲聽別人底命令來行動，只欲依自己底判斷來行動。然而共產制，卻欲依強大的、集中的權力來命令個人底一切行動。這不外是奴隷制的意思。蒲魯東對於共產制的意見，便是這樣。

如上所說，蒲魯東對於私有財產制度和共產制度，都下了峻烈的批評。然則他以什麼制度爲好制度呢？他底積極的主張是怎樣的呢？他關於這一點，說得不多。他不過主張個人的所有（不是財產）是社會生活底條件，一切人都平等地有占有權，所以所有隨同所有者底數目來變化，因之不能有確定的財產存在。就是『平等的所有，』好像是他底理想。然則建設怎樣的制度，才能實現所有底平等呢？關於這一層，他在財產是什麼？一會中，並沒有說明。總之，他在這里，是一個批評家。可是蒲魯東，並不能永遠停足於批評家的地位。一八四八年的革命，逼得他不能建立一種實際的方策。前面曾經說過，在這革命的當時，爲保證『勞動的權利』設立了所謂『社會工廠』不過不久便失敗了。信仰傅利葉的孔西德蘭，提議建設『法郎其』而被斥，前面也曾說過。路易柏郎提議以國費補助來設立生產組合。然則蒲魯東在這時提出何種建設案呢？那就是有名的『交換銀行』底設立。所以我不能不簡單地說一說這交換銀行。

原來蒲魯東對於社會問題，抱着如下的意見：——社會問題底根源，不在於貨財底生產部門，而在於貨財底流通部門。就是社會問題不是生產的問題，而是流通的問題，在資本主義的社會中，人類底大多數之所以在經濟上處於奴隸的狀態者，是因爲有貨幣和資本底利息這兩樣東西。本來貨幣底發明，只用爲交換底用具，可是現在，它却變爲生產階級忍受不起的重擔了。生產者即使在很勤勉地從事生產，在沒有人提供必要的貨幣以前，即沒有發見其生產品底買主以前，總不能不等待着。如果一切貨財都能够做交換底手段，卽如果一切貨財彼此都能够依照其自然價值（卽投於該貨財的勞動量）來交換，事情便能很簡單地很順利地進行。如果那麽樣辦，則一切貨財都成爲交換底手段，貨幣的必要也沒有了。那時，那些雖不勞動單因所有貨幣而有勢力的有產者，自然銷聲匿跡了。第二借貸資本底利息，演着有害的作用。要想辦一種事業的勤勉的人，因爲沒有資本而不能着手，是常有的事。一旦向別人借來資本，又須以利息的形式奉獻許多份額給資本家。如果能够免利借得必要的資本，也許能够大大地促進社會底生產。勞動者也能夠從資本家底鐵鎖裏解放出來。爲取得利息來蓄積資本的那樣的貪慾，也不會有了。私有財產，也將變爲單純的占有。這樣，才能確立經濟的正義。

蒲魯東爲貫徹如上的主旨，向革命政府建議設立所謂『交換銀行。』這個交換銀行，從生產者取得生產物，交付證券給他。例如鞋匠提出鞋時，銀行給與他以等於鞋價的證劵。鞋匠用這個證劵，能夠取得等於其價額的東西，不論銀行裏所有的什麽生產物。然則一生產物底價格，又怎樣規定呢？就是依照製造該生產品所需要的勞動時間和費用來規定，什麽利益完全置於度外。規定價格的，是銀行中的價格評定者。蒲魯東希望擴張這個銀行，在各地設立支店，把一切生產者和消費者，都變成這銀行底顧客，使貨幣變爲不必要，一切交易都用銀行證券來做。這是這交換銀行底第一個任務。交換銀行底第二個任務，就是無報酬地給與信用，即免利貸與資本。這樣，利息這東西便會離開這個社會到墳墓裏去了。——蒲魯東於一八四八年七月提出這議案，建議政府以增稅方法籌得國庫底剩餘金，用來設立交換銀行，卒因大家認這提案爲『侵害財產權紊亂公共秩序』而被否決。可是他並沒有爲這反對所屈服，以自力謀銀行底設立，一八四九年二月，終得以股份組織創設所謂『國民銀行』（這銀行被稱爲『蒲魯東公司』）其目的與前述的交換銀行一樣，不過這里以免利貸與資本爲主。不幸設立僅僅二個月之後，還沒有開始經營業務時，便因爲蒲魯東身罹筆禍被處禁錮，一切都歸於消滅了。這和歐文底『勞動公平交換所』是一樣命運。

以上所說的，都是蒲魯東底經濟思想。要明白蒲魯東底整個面目，不能不進一步去敍述他底政治思想。在這里，無政府主義者的蒲魯東最鮮明地表現出來。

蒲魯東底政治思想，築在自由和正義這兩個觀念上面。他所說的自由，便是人底行動不爲別人底意思所左右，單由自己底意思來決定自己底行動的狀態。他所說的正義，就是尊重別人底人格如尊重自己底人格的意思。蒲魯東以這兩個觀念，嚴厲地批評法律和國家，以無政府爲理想的狀態。法律是什麽？是權力者底意思。權力者向國民發布無數的法律，而且只發布利於權力階級的法律。他們欲以法律來左右國民底行動。可是法律對於那些自己會思想並對於自己行爲負任的人是什麽？法律對於那種欲求自由且有實行自由的能力的人是什麽？我們現在正苦於法律底繁多。不論法律造得如何之多，都只是爲權力者底利益來束縛人底自由的；像所謂法律底任務規定人類底一切事件，到底是不可能的。事物底關係是常常變化而且無限制的。其次，國家又是什麽呢？國家不外是由人來支配人。即不外是奴隸制的意思。蒲魯東說：『有人要命令我，置手於我底肩上，不問他是誰，都是篡奪者、暴君。我宣告他是我底敵人。』他又說：『權力這東西一出現於這世上，一切國家都狂奔來爭奪它。權威、支配、政府、國家——這些名詞，意義是相同的——這些東西都是供給各人去壓迫、搾取其鄰人的手段。』

這樣非常違反自由和正義的法律和國家能夠存在，是什麽緣故？據蒲魯東所說，其理由可盡於一語，就是爲維持所有者對於無產者的特權。所以他以爲所有者底特權若不存在，法律和國家都會因失去存在底根據而消滅；如果能夠設立前面所說的交換銀行或國民銀行，實現資本底免利貸與，那時，各人便成爲自己底支配者，法律和國家都會消滅，無政府的理想狀態便會到來。他所說的無政府，決不是無秩序混亂的意思。反是萬人底秩序和調和、而且自由和正義的意思。在那無政府的狀態中，規律人類行爲的無數法律，都歸消滅，只有一個『當守契約』的法則，成爲行爲底規準。那時，權力底支配消滅，現出各人底自治。

和別人訂結契約，是各人底自由。可是一旦結了契約，便不可不遵守它，因爲那是正義所要求的。但是遵守這個契約，决不是服從別人底意思。契約是以自己底自由判斷來訂結的，所以只是服從自己底意思，就是自己支配的意思。蒲魯東說：如果現在我和二三個人締結的契約，能够和多數人締結，這些多數人所成的團結彼此間又能締結同樣的契約，以至於一國民全體能夠締結同一的契約，更至於人類全體能夠締結同樣的契約，那時，我底意思經過無限的反復，遂成爲國家底意思，這才是眞正的民衆政治、共和政治底基礎。

其次，關於國家底理想形態，蒲魯東主張所謂聯邦制度。他和高德文一樣，以爲中央集權的國家必然伴着壓制，從這種見地出發，以爲要使各人得到自由，須把國家分做多數自主獨立的團體，各團體底政治，當依一般投票的原則來實施，各團體爲處理公共的事務，設置一公共的機關，這共公的機關叫做國家，就是他以一種聯邦的共和國爲理想。關於人和人底關係，團體和團體底關係，設立秩序的，唯一地是『契約』。『己所不欲，勿施於人；己所欲者，須施於人。』——這種正義的要求，唯一地被認爲各個人行爲底規準。

總而言之，蒲魯東把自由看做最有價值的東西，所以竭力主張個人的自由。可是他同時，並沒有看落社會或協同。他很知道，個人底生活，離開和別人的關係，便不能成立。所以他所謂個人的自由，並不是那種蔑視他人也不妨的自由。『尊重他人底人格應如尊重自己的人格』這種正義的要求，是從那個人必定要營社會生活的不可動搖的事實中產生的。再則這個正義的要求，在其根本上，是豫想着平等的。因為人格者一概平等的觀念若不存在，那尊重他人底人格如尊重自己底人格便不可能。於是我們可以知道如下的事：在蒲魯東底思想中，自由、協同、正義、平等，是四個關係很密切的觀念，缺少任何一個，其它三個都不能存在。蒲魯東底整個思想，便築在這四個不可分離的觀念上面。

四　斯梯納

無政府主義底三個建設者，生在三個不同的國家：高德文生在英國，蒲魯東生在法國，這里所述的斯梯納生在德國。他們三人，各自展開多少不同的思想；無政府主義思想，可以認爲綜合他們這些思想而生的。前面曾經說過，高德文以正義（卽全體底幸福）爲他底中心思想，蒲魯東以協同或相互爲他底中心思想。雖說全體底幸福或協同爲他們底中心思想，但對於以個人爲本位這一件事，依然不變。爲什麽應當增進全體底幸福？因爲這樣可以增進各個人底幸福。爲什麽人不能不協同？因爲這樣可以使個人底生活豐富。現在在無政府主義思想中，個人本位這一個觀念，依然是和自由的觀念一樣，同爲兩個中心觀念。把這個人本位的主張和自由的觀念擴張到了極端的，便是這里所說的斯梯納。

斯梯納（Max Stirner）於一八〇六年生於德國彼勞伊德地方；於一八五六年，在非常貧困之中，死於柏林。斯梯納是他底變名，本名叫做加斯巴叔密德（Johann Kaspar Schmidt）。斯梯納經過怎樣的生活，我們不大知道。他大概沒有特別可記的事蹟。他在青年時代，研究哲學和神學，是個徹底的自由主義底信奉者，和一八四八年時德國所出的許多急進主義者，結有深交。他底本職，是柏林一女學校的教師，從一八三九年至一八四四年，他居在這個地位。斯梯納最爲人所知道的，是他底名著唯一者和其所有。本書出版於一八四四年（斯梯納此外並無大的著作）他在這書中，以極有力的筆致，展開個人主義及自由主義的思想。斯梯納自稱爲『自我主義者，』不曾自稱爲無政府主義者，但一般都把他看做無政府主義者，所以我們這里也把他看做無政府主義者。

斯梯納底唯一者和其所有中所含的思想，簡單地說便是如此：宇宙中眞實存在的只有『自我。』只有自我，才能以天上天下唯我獨尊的言詞來表示，是唯一獨自的東西。他是絕對者，是不服役於任何物，使一切東西服役於自己的萬能者，因之自我是絕對自由的；自我對於神、道、國家、法律、社會或其它所謂正義人道的抽象觀念等一切，都是自由的。這里所說的自我，不是抽象的觀念，乃是正在思考、行動，且具有種種欲望的自我，換句話說，就是具體的個人。斯梯納把這具體的個人、自我，以『唯一者』一語來表示。其意義就是個人是任何別人都不能替代的絕對的獨自的東西。我就是我自己，決不是任何別人，即使有人，其面貌、姿態、出身、教養、或其它的一切地方，都和我自己幾乎無異，那也只是『非常相似、』『幾乎無異』而已，我既不是別人，別人也不是我；即和我相同的人，另外並沒有存在，所以我是唯一者。再則，我自己是獨立人，對於我，我自己是最高絕對的，所以無論何人何物，都不能命令或強制我自己。對於欲命令或強制我的，不問他是什麼東西，我都決然與之挑戰。

不用說，斯梯納是承認愛的，承認社會的。他並不是欲否認自己以外的一切東西。不過他之所以承認愛，承認社會，決不是爲愛（自然也不是爲愛人）也不是爲社會，只是爲自己。斯梯納這樣說：——我也愛人，不僅愛特殊的個人，而且愛一切的人，不過我是意識着我底利己心來愛那些人的。因爲愛可以使我自己得到幸福，所以實行愛。並不是因爲有不可不愛的命令才實行愛。——他又這樣說：——我再不爲任何物來做任何事，不『爲神』來做任何事，不『爲人』來做任何事，也不『爲社會，爲國家』來做任何事。只『爲我自己』來做事。如果社會攔阻我自己底進路，我便破壞社會。我以外的一切東西，只有在對於我自己有什麽用處時，才容許存在。對於那些於我無用的東西，只有戰鬪。我這種行爲是人類的或不是人類的，是自由的或非自由的，是人道的或非人道的，那樣的事，不是我所要問的。只要我所欲的東西能够得到，只要我能够得到滿足，別人歡喜怎樣批評，便讓他怎樣批評。——

抱有這種思想的斯梯納，發見這尊貴的自我，爲種種東西所包圍，不斷地受其支配、命令。他知道若不把那些東西，一一加以破壞，自我結局只有滅亡，所以他欲破壞那些所謂權威臨在自我上頭的東西。這就是自我和權威宣戰。

他否定神，否定宗教。且進而否定所謂正義、人道那種抽象的觀念。他把這一切的東西都叫做『妖怪，』人類必須從這些妖怪底支配中，絕對地自由出來。他又把那種創作『什麽』主義、依照主義來行動的人，叫做『依賴者。』因爲他們除了自己以外，定出應該服役的行爲目標，依照那目標來行動。而他自己，却以『無主義』爲主義。

斯梯納以同樣的筆法，批評國家。國家是何種形態的東西？簡單說，國家是要求個人爲它服役的東西，所以他不能不抱着憎惡的觀念來看它。國家是支配的東西這一點，不問它是所謂專制國家或民主國家，都是相同的事實。其差異不過是在專制國家中，支配者只一個人，在民主國家中，支配者有幾個人。所以就是對於那經過法國革命的慘劇以後所建立的自由主義的民主國家，斯梯納底批評，也一點沒有寬恕他這樣說：——法國革命，打破了封建制度，把貴族和僧侶底支配地位推翻了。起而代之的，便是所謂自由、民主的近代國家。人們一齊歡迎這個國家。他們這樣說道：『人就個人來說，原是利己的動物，但各個人若只利己地來行動，便只有不斷發生戰爭，因之那尊貴的人類性便歸於消滅。我們爲發展我們底人類性，創造了一個結合，這結合便是國家。我們只有在國家之中，才能成爲眞正的人。我們只有在國家之中，能够得到權利，得到自由。所以從今以後，我們都應拋棄我們底利己心，爲國家來服務，這便是我們得能做人的原因。』這是何等巧妙的詭辯！可是一旦究明了所謂國家究竟是什麽，這種詭辯便馬上粉碎了。封建國家是貴族和僧侶底國家，近代國家是資產階級（卽第三階級）底國家。資產階級卽國家。所謂抛棄利己心爲國家服務，便是爲資產階級服務！這是什麼奴隸的說教！

人們常說近代國家承認一切國民有平等的權利，給與一切國民以政治的自由。這究竟是什麼意思呢？所謂承認一切人有平等的權利，就是把一切人底個性同視，不承認個性底尊嚴。國家握有許多權利，給與那權利時，沒有彼此之別，只問他是否完全履行由那權利所生的義務。換句話說，只有那些願意犧牲自己底利益，專爲資產階級底利益出力的人，才能得到權利。因此，所謂給與平等的權利，不外是蔑視個性底尊嚴，叫大家一樣做奴隸的意思。

近代國家底國民所有的政治的自由又是什麼？是人從政治中自由出來的意思嗎？是人從國家底支配中自由出來的意思嗎？都不是的。只是政治得到自由、支配得到自由、國家得到自由的意思。所謂自由，只是支配者、國家底自由，換句話說，就是資產階級底自由。至於被支配的多數者，決不是自由的。

人們又說，在法律底面前，萬人是平等的。但是所謂法律，究竟是什麼？它是權利底保護者，財產底保護者。然則對於那沒有什麽可保護的權利和財產的人，法律究有什麽意義？要而言之，所謂在法律面前一律平等，對於多數無產者，是沒有什麽意義的。

斯梯納這樣批評了自由主義的國家；同時，他對於共產主義，也加以猛烈的反對。

共產主義者說，任何人都不應做所有者，只有社會應當做所有者。所以在共產主義中，我們都成爲平等的襤褸人。都是同樣的一文莫名者。只有社會能夠所有，只有社會得下命令。在自由主義中，是國家掠奪個人；在共產主義中，是社會掠奪個人。

在共產主義中，人不是爲他自己來勞動；乃是爲社會來勞動。大家都一樣地成爲勞動者。那時，個性在哪里？個人底自由在哪里？

然則這樣重大的社會，究竟是什麽？它是由許多個人成立的。由多數個人成立的社會，具有一個身體嗎？決不是的。社會底身體，就是多數個人底身體。然則所謂爲社會勞動，爲社會服務，結局不是爲各自勞動，爲各自服務嗎？然而共產主義還說，應爲社會來勞動，不應爲自己來勞動。然則他們所說的社會，不外是一個觀念，一個妖怪。我們斷不能爲妖怪服務。這是斯梯納對於共產主義的批評。

這樣否定法律否定國家的斯梯納，究竟主張人應以什麼爲自己行爲底規準，當營怎樣的團體生活？斯梯納說：各人應以自己底利益爲行爲底規準，爲增進『自己底利益』和別人共營團體生活；但這個團體，決不應是國家，也不應是社會，它只應是『自我主義者底組合。』

斯梯納以自己底利益爲行爲底規準，其理由看上面所說的話，已很可以明白。這里不能不加以說明的，就是自我主義者底組合，究竟是怎樣一個性質。這個組合，是依利益來結合的組合。人如果和別人一致協同，便能夠增進自己底利益，也能夠成就那自己獨力所不能成就的事業。因此，人和別人作成組合。人和什麼人創作組合，什麼時候退出該組合，這些事情都應該讓各人去自由判斷，不應有什麼法律、命令存在。

在這個組合內法律是不消說得，就是任何種類的約束，也沒有存在，而且也不許存在。如果因爲我今日有約束，明日也須受那約束底拘束，等於因爲我昨日是阿木林，今日也須做阿木林。那樣的事情，斷斷不能容許。昨日的我是昨日的我，今日的我是今日的我。我只應依照最能增進我自己底利益的方法來行動。

組合員對於組合，不負什麼義務，也沒有什麼誓約。卽沒有像對於國家所負的義務，也沒有像對於社會所許的誓約。人第一一定是他自己，不是國家，不是社會，也不是組合。所以這個組合，和共產主義的社會大異其趣。斯梯納這樣說：——在這個組合內，各人十分發揮他底力底全部，主張他底權利；然在共產社會中，他以他底勞動力，受雇於社會。在前者，人是自我地生活着。在後者，人爲社會身體底一部份而生活着。組合是他所利用的東西，如果他知道該組合已無可利用時，便不必顧慮什麼義務或信用，馬上可以拋棄了它。然在社會中，他是要受義務拘束的。

最後，關於財產所有問題，斯梯納抱着什麼思想呢？據他所說，今日的財產，只因法律底保護而存立，並不是因爲自己有所有這些財產的能力而成爲自己底財產，只靠法律底力量才成爲自己底財產，所以它只是假物、妖怪。這樣的財產，決不是什麼神聖的東西。我們應當打破這種財產制度，建設新的財產制度。然則新的財產制度，應當怎樣的呢？第一，對於財產的觀念，不可不改變。不以法律所給與的爲財產；用我底力加於某種物上，別人不得妨礙的，就成爲我底財產。即以實力所有的，就是我底財產；這是眞財產底意義。因之哪些東西是我底財產，也不難決定。即我底能力所及的東西，就是我底財產。

斯梯納如此極力主張以實力解決財產問題，作爲各個人底所有，但在別方面，他又說過如下的話。就是一切人都想要的東西，不能成爲那欲專有它的人底所有物，只能成爲公共的財產；各人對於公共的財產，都有自己底領份，這領份便是各人底財產。從這說話看來，好像他也承認共有財產，其實並不如此。斯梯納加以如下的說明：例如有家族五人同住的一所家屋，這家屋是五人底共有財產，但各人得有這家屋所生的收益底五分之一爲自己底財產。他雖用共有一語，也只是認爲個人有底一個形式，十分重視各人對於共有物都有自己底領份的一點。實際，依舊是主張個人所有。

五　巴枯寧

以上所說的高德文、蒲魯東、斯梯納這三個人，都是所謂個人主義的無政府主義者。但這里所說的巴枯寧，政治上主張無政府主義，經濟上主張生產手段底共有（巴枯寧自稱爲集產主義），是一個集產的無政府主義者。巴枯寧在採取集產主義的一點，雖和採取共產主義的克魯泡特金有多少不同，但這兩者，在無政府主義者之中，佔有一種特異的地步。而這兩個人，就是代表近時無政府主義思想底本流的人。

我們先從巴枯寧底生平說起。

巴枯寧（Mikhail Bakunin）於一八一四年生於俄國。他底父親，曾經做過外交官，後來辭官，投入那被稱爲俄國最初的社會運動的十二月黨底運動（一八二五年十二月十四日），成爲自由主義者；但這個運動失敗之後，便回歸故鄉，只用心教養兒童，做一個善良的父親。巴枯寧底母親，是貴族出身。巴枯寧是她底長子。他在十五歲時，進砲兵學校；三年後卒業，編入敏斯克地方底砲兵隊。那時，恰恰就是一八三〇年的波蘭叛亂壓伏以後，該地方正是充滿了慘憺的情況。青年軍官的巴枯寧，看見這種情況，便非常痛恨那專制主義的政治。二年之後，脫離軍籍，移住莫斯科，六年間住在這里。他在這里，埋頭研究哲學。一八四〇年，爲更深研究哲學，到德國去；一八四二年，認識和馬克思一同辦雜誌的路格。他不能久留在德國，於一八四三年正月，前往瑞士。在這里，他結交了德國許多社會主義者、共產主義者。

然在瑞士，也因爲官廳底壓迫，不能久留，於一八四四年，到比利時底布拉塞爾，在那里過了三年之後，於一八四七年前往巴黎。他在巴黎，和馬克思、昂格斯相會，又和蒲魯東，結了最親厚的交情。常常和蒲魯東討論，甚至於徹夜不息。巴枯寧不久因俄國政府底要求，被逐出法國，再到布拉塞爾；但乘一八四八年二月二十四日的二月革命的機會，回歸法國，跳入革命潮中去活動。不久，爲援助乘這二月革命而起的波蘭革命起見，轉赴德國，來往於柏林、蒲雷斯羅、普拉格等地，從事革命運動。一八四九年正月，潛赴來普赳希，做了波希米亞反抗普魯士政府的運動底中心人物。然這波希米亞底革命運動，卒爲普魯士政府軍所打破，巴枯寧也爲普魯士軍所捕獲。巴枯寧前半世的活動，從此告終；以後常常過着陰慘的牢獄生活。

巴枯寧最初幽閉在薩克森要塞。一八五〇年正月，受了死刑底宣告，但同年六月，減免一等，改處終身懲役。後因奧大利政府底要求，被徙於奧大利底某一要塞，於一八五一年五月，再在這里受死刑底宣告，又得減刑改爲終身懲役。這實在不能不說是一種很奇怪的運命。他在奧大利底要塞，受了非常慘酷的待遇，或手足都加上鐐枷，或以鎖鍊繫在壁上。

但奧大利下這判決不久，他又要第三次改變地方。就是因俄國政府底要求，他被引渡於俄國。他被解回俄國後，幽閉於彼得格勒底要塞。——俄國許多革命家流血的地方。他被幽於這個要塞不久，受尼古拉皇帝之命的一個伯爵，欲叫巴枯寧懺悔，招認過去的一切行動。可是他回信給皇帝，直言斷不懺悔的意思。其中有一節是這樣：『你要叫我懺悔。但是因人沒有招認別人犯罪的義務，你不應當蔑視這件事實。我底名譽和我底良心，不許我背叛相信我的任何一個人，所以我不能舉出任何名字。』皇帝底計劃，竟不能成功。其後，他更受虐待。

尼古拉皇帝逝世，亞歷山大二世即位時，舉行大赦；只有巴枯寧底名字，爲亞歷山大二世自己所勾消。巴枯寧底母親向皇帝提出請願書，請求釋放她兒子時，皇帝底回信寫有這樣的話：『夫人呵！我想告訴你，你底兒子活在世上時，我恐怕不能成爲自由的人。』因此，巴枯寧在尼古拉死後二年間，居於休茨寨堡底要塞。

一八五七年，巴枯寧被流放於西伯利亞底秃姆斯克。後來因西伯利亞知事底好意，遷移於伊爾庫茨市，能够在該處就事；不久，該知事辭職，覺得要得到自由，除非逃出西伯利亞，於一八六一年六月，以經商旅行的名義，取得旅行免狀，走到阿穆爾流域底尼古拉斯克，由此坐船到北海道底函館，再到橫濱坐船到桑法蘭斯哥上岸，經過紐約達到倫敦。

這是一八六一年十月末的事。

一八六三年波蘭發生叛亂時，欲去指導，終於失敗，乃赴意大利；一八六四年，渡到北方底瑞典。後來，經過倫敦、巴黎，轉赴意大利；到一八六七年止，住於弗羅林司、內普爾司等地。當時，他極力想造出一個網羅世界革命家爲一體的組織，來宣傳並實行革命；一八六四年，得在這里創設『國際社會民主主義同盟』。這同盟底綱領，是巴枯寧所起草的，其中舉出下列的事項爲同盟底目的。『同盟欲階級底決定的完全的廢止，不問男女的一切個人底政治的、經濟的、社會的平等。同盟欲把土地、生產用具、及一切資本變爲社會底共有財產，只歸勞動者，換句話說，只歸勞動者底農業的及工業的組合來利用。』——後來，這個同盟，參加了『國際勞動者聯盟，』即以馬克思爲指導者的第一國際。

一八六九年，巴枯寧從日內瓦移到洛迦諾，成立了翻譯馬克思資本論的計劃。

一八七〇年普法戰爭時，他爲『法蘭西救濟委員會』底一分子，熱心努力做推進法國革命的運動，但也歸於失敗。於是他再回到洛迦諾。一八七二年，在海牙所開的國際大會上，他和馬克思派爭論不勝，退出國際。第一國際，事實上便於這個時候消滅了。

從此以後，他底身體，因多年惡戰苦鬬底結果，大大衰敗，他只得退出實際運動。一八七三年他給朋友的信，把這期間底情形，說得很愜當——『我感着我已經失去鬬爭所必要的氣力。我在無產階級底陣營中，已變成了障礙物，不能有許多幫助。……親愛的同志們！我充滿着對於諸君的感謝之念，和對於諸君的偉大神聖的行動、爲人道的行動的同情之念，現在退隱了。我以想念兄弟的關切的心，禱祝諸君一步一步地前進。諸君每一次獲得新成功時，我都歡喜不已。我活在世上的時候，總是屬於諸君的。』

寫這書信過了三年之後，這個偉大的革命家，遂溘然長逝了。時在一八七六年七月。巴枯寧，可以說是一生獻於革命運動的人。

巴枯寧認人類進化底目標，在於完成人性；人性底完成，在自由的社會中才能實現。他立在這一個見解上面，展開他底無政府主義理論。國家、法律、私有財產，都是人類進化底低階段時所現的制度；它們束縛人類底自由，爲支配搾取底對象物。他從這個見地出發，主張消滅這些制度。我想先從他底國家觀說起。

巴枯寧以人類底宗教的感情，和傳統的精神，來說明國家底起源。當人類底科學知識還未發達的未開化時代，人對於自然所顯現的種種現象，只有恐怖的念頭。雷因什麼而鳴，人爲什麼要死，這些現象底原因，他們是一點也不懂解的。他們只知道雷是可怕的，死是可畏的。他們也還知道，發生這種不可解的現像，一定不能沒有一種力。引起這種現象的力，或以爲惡魔，或以爲神道。這種目不能見的惡魔或神道，以人類以上的可怕的力，來左右人類底運命，所以人類對於它，絕對地服從。這是宗教底起源。宗教立在人類絕對服從神道（或惡魔）的感情上面，培養這個感情。

別方面人類又常爲某種傳統的精神所左右。這件事是一切動物所共同的，動物由種種自然的條件（例如地理或氣候）而生大影響，各遂其不同的發達。可是人並不是獨立地生活着，是作團體來生活的，所以這些外部的影響，自然及於團體本身上面。這樣造出各有不同的特色的若干小團體，這個團體底生活，決定個人底生活；換句話說，屬於某團體的個人，不能營和該團體一般生活完全不同的生活，所以個人對於其團體，感着無限的親切。同時對於非自己所屬的別的團體，抱着強烈的敵對心。要而言之，個人本能地、無意識地固執那爲自己所屬的團體所承認的、遺傳的、傳統的生活樣式，同時本能地敵對和這相異的生活樣式。

這宗教的感情和傳統的精神二者結合起來，便產生君主，造出國家，發現政治。受了天上之神底啓示的人，成了君主，君主爲神底代理者，支配人們，要求人們服從他如服從神一樣。他是救世主，同時是立法者。他是豫言者，同時是支配者。因此，他握有無限的權力，對於人們有生殺予奪之權。人們對於他，不能不盲目地服從。因爲他是地上之神，是傳統底擁護者。君主和神，無論在哪一個國家，都是非常密切結合着的！

國家是支配者，命令者。所謂支配命令，就是把一切善，馬上變做惡。善若以命令來做時，若依強制來做時，它就不能爲善。人因爲認它爲善，心欲爲善，所以爲善。沒有自由的地方，是沒有善的。卽國家是不許人爲善的。

國家，不問它是什麽國家，其任務總是在內以強者掠奪弱者，對外從事征服。國家內底強者，常常是少數者。這種情形，就那北美合衆國或瑞士共和國來看，也是一樣，就是有特權的少數強者，和莫大的服從者。國家在內，極力以法律底力量去維持、擁護這少數者底特權，同時對外，以戰爭的手段，主張自己底權利。戰爭是一種犯罪。卽國家以犯罪來主張自己底權利。所以國家決不是合於道德的。這國家底不道德性，與其實力底強弱成爲正比例而增減。國家越強，越不道德；弱小國家，因爲無力，所以還有點道德。

巴枯寧這樣地把國家認爲不道德的東西。就是說：國家對內是以少數者去支配、命令多數者，對外是以勢力去主張其權利，所以是不道德的。他所謂對內不道德這一點，姑置不說；但對外（卽國際間）沒有什麽道德存在這一件事，總是不可爭的現實。強大國常以其實力去貫澈自己底主張，在這力底面前，沒有道義，沒有正義也沒有人道。力是權利，力是正義，這種意見居然無恥地作爲主張；什麽道德等等，簡直不值得他們一顧。哪一國是善的，哪一國是惡的，不是由道德的判斷來決定，乃是由實力、武力來決定的。在日本，有所謂勝爲官軍，敗爲賊軍（卽『成則爲王，敗則爲寇』之意）的話。其意義就是勝的是善的，敗的是惡的。把這句話來表示國家間底關係，是再妥當沒有的了。

巴枯寗認國家制度和私有財產制度，處於密接不離的關係。前者是後者底原因，同時又是它底結果。他從這見地出發，以爲私有財產制度若加以某種變更，國家制度當然也會發生某種變化，能夠接近無政府主義底實現一步，所以他主張一種集產主義。

巴枯寗對於私有財產制度的批評，大體和前面所述的社會主義者底批評無異。他這樣說：——私有財產中，附帶着許多特權，生爲財產家之子的人，雖沒有什麼優越的素質，也能單因財產家之子這一件偶然的事情，享受那些特權，獲得這世上一切恩澤。財富、繁榮、浪費底可能，那是不消說得；從物質的幸福、家庭生活底愉快起，以至於政治自由底獨占的享樂，虐待幾百萬勞動者任意使他們勞動的力，他們握有這一切東西。但在別方面，無產勞動者，又享有着什麼東西？留給他們的，只有無可安慰的不幸。他們一次也不能享受家庭生活底歡樂。因爲貧乏人組織家庭，馬上要變爲重的負擔。附在他們身上的，只是和野獸差不多的生活、不斷襲來的生活不安、與其結果悽涼的情緒。像什麼政治的自由，連夢也不能夢見。然而他們，就是少數者所享樂的文明、自由、墮落底基礎。

在這種情形之下，隨着文明底進步，所有者階級，爲其特權和財產所累，勞動者階級，爲貧乏所累，以致他們底人性都受壓迫，一步一步地向墮落的深淵前進。無論哪一國家，文明越進步，商工業越發達，那少數特權者底不道德便越益加甚，同時在別方面，勞動者階級底不平、憤怒也越益增高。試看英法比德等國。這些國家，是商工業最發達的國家。在這些國家中，慘酷的貧乏逞施猛威，所有者階級和勞動者階級間底不和鬪爭，鬧得最厲害。在商工業還沒有充分發達的俄羅斯、斯干的拿維亞、意大利等國，若不起天災地變或其它特別事情，人們因飢餓而死的事，是不大有的。但在英國，飢餓是家常便飯。而且不止兩三個人，實在有幾千幾萬人，常常受着飢餓之苦。——巴枯寧這樣地說。他把這些現象底原因，歸於私有財產制度，那是不消說的。

然則巴枯寧以爲應當以什麼制度來代替私有財產制度呢？他說：不可不用集產主義。

巴枯寧所說的集產主義，就是主張在消費物中容許私有財產底存在，至於土地、勞動用具、機器及其它一切資本概歸社會所有。即把生產財歸社會所有，至於勞動者所生產的東西，確實歸自己所得。換句話說，就是各人按照他自己所生產的貨財數量來受分配，實現這種正義的要求。——所以巴枯寧底集產主義，好像和前面所說的社會主義底主張沒有什麼兩樣；其實，它們兩者之間，伏有一個重大的差異。

社會主義主張把生產財歸社會所有或歸公有。這里所謂社會所有或公有，其意義前面敍述科學的社會主義時已經說明，就是歸無產階級握得政權的國家（即所謂無產階級國家）所有或國有。就是以國家爲一個單位，把國家內所有的全部生產財，都集中於國家手裏的意思。然而巴枯寧所說的集產主義，決不是這樣的東西。原來巴枯寧是一個否認任何形式的國家或法的強制，極力主張自由的無政府主義者。因此，卽使是無產階級的國家，只要那里存有國家的權力，成立着支配服從的關係，他就不欲承認。所以這種國家集中一切生產財於自己手裏，巴枯寧斷難承認。巴枯寧一方面反對社會主義底財產共有方法，同時也不贊成那從自由的見地來主張財產私有的一派無政府主義者；他只以生產財底共有爲理想。然則所有生產財的是誰呢？旣不是國家，也不是個人，實在是組合。

巴枯寧說：『可以所有生產財的，是各種農業組合及工業組合；而這些組合，應當是完全自主獨立的。像那立在這些組合上面的最高權力——國家底極力，斷斷不應該容許它存在。其次，農業組合及工業組合把生產財收歸共有的方法，也不應該依那由上而下的（由國家到組合的）命令來做，只應該依那由下而上的投票來做。』——這一點，便是社會主義和巴枯寧底集產主義之間所存的重大的差異點。前者主張集中主義，後者主張分散主義。前者重視統一，後者重視自由。巴枯寧底否定權力的思想，在這里表現出來。這是在第一國際內，馬克思派和巴枯寧派分裂底最大原因。

巴枯寧關於財產問題，一方面排斥國有，別方面排斥私有，已如上面所述。他底國家論，也依據同一的原理，既不是中央集權的，也不是個人本位論的。如前所述，巴枯寧以爲國家裏只有不道德；但他決不是蔑視人類底社會生活，共同生活的。其實，他是熟知社會生活、共同生活底重要性的一人。在這一點，好像很受前述的蒲魯東底影響。據巴枯寧所說，人只有在社會中才能成爲人，才能使人性底自覺和實現成爲可能。第一，人只有藉社會的共同勞動，才能把自己從外界底束縛中解放出來；以單獨個人底力量，決不能征服自然像今日這樣。第二，人能夠由教育和訓練來開發人性，而這教育和訓練，只有在社會中才能實行。假使有不營社會生活的單獨的個人，這個個人，恐怕永遠要留爲一個野獸或聖人吧。這里，野獸和聖人，沒有什麽大的差別。第三，人在社會之中，才能有自由的意識。

原來所謂自由只存在於那種被別人承認爲有自由者且被待遇作有自由者的地方，若在單獨的個人時，從始便沒有什麼自由不自由。——

未來的國家，應當以自由爲中心來作成。因爲人類底發展，只有在有自由存在的社會中是可能的。如前所述，所謂自由是社會的、相對的，所以像那種一切別人都不自由，只有自己一人自由的事情，決不能有的。所謂自由，只是以自己底判斷來決定自己底行動，決不是以自己底判斷去決定別人底行動；所以命令、強制的人，好像很有自由，其實不然，他和被命令被強制的人沒有自由一樣，自己也沒有自由。把別人做奴隸的，就是把自己做奴隸。眞正的自由，一定要尊重別人底人格，如尊重自己底人格一樣。所以自由的社會；決不能以權力來造成，只能依契約來造成。

巴枯寧這種主張，和斯梯納所唱的個人本位的社會論不同。他主張尊重別人底人格，應和尊重自己底人格一樣。所以他又反對像社會主義那樣使用國家權力的強制，他主張建在自由聯合、自由契約上面的聯邦組織。據他所說：——

各人依自由結合造成市村，各市村依自由結合造成地方，各地方依自由結合造成一國，各國依自由結合造成全歐洲底聯合，最後擴張到全世界，成立自由的結合。各人各市村、各地方、各國家，都應當在不妨害別個獨立的範圍內，各有完全的獨立。大家都應當有自由結合的權利和自由分離的權利；如果沒有自由分離的權利，那就會墮落到一種中央集權制。——

巴枯寧這個自由聯合國家的思想在他所創立的萬國社會民主主義者同盟底綱領中，有明確的敍述。其第五條說：『我們努力使一切政治的國家，逐漸把它底工作限制於單單監督公共職務底遂行，以至於沉沒入自由的農業上及工業上的組合底一般的結合之中。』又第七條說：『我們欲一切地方的組合底一般的自由聯合。』他於一八六七年在根府的演說，其中有一節也主張一切國民、一切民族、一切自治體，只要他們底內部構造不妨害別的地域底自由，都有完全的自律的絕對的權利。

上面所述的無政府主義者之中，高德文和斯梯納二人，和實際運動沒有一點關係。

蒲魯東雖然在二月革命時站在街頭，他底思想也給與後代人以相當的影響，但和巴枯寧所及的影響相比，却差得很遠，幾乎不足言道。實際巴枯寧與其說是理論家，毋寧說是運動家。他在第一國際中，對於馬克思派底中央集權說，以自由聯合說相抗，不僅在社會思想上，就是在社會運動上，也有重大的意義。無政府主義，明確地從社會主義分離，把色彩弄鮮明，就是這個時候。其後，社會主義和無政府主義，成爲社會思想上底二大潮流，直到了今日。今日，社會主義和無政府主義之爭，可以說是正達到了白熱點。這時，想起巴枯寧底思想，決不是無意義的。又在無政府主義運動底戰術上，巴枯寧所貢獻的也很不少；在這一點，他底思想，和高德文蒲魯東斯梯納等人不同，是科學的實證的。現在，我們只有把這一層除去不說，因爲沒有這個自由。

六　克魯泡特金

克魯泡特金（Peter Kropotkin），於一八四二年，生於俄國最高貴的公爵家。他年幼時，便一方面看見了貴族生活底虛僞和虛飾，別方面目擊了自己家裏所使用的僕婢和農奴底悲慘境遇。他在後年成爲人道的無政府主義者的底子，就是在這種家庭生活之中逐漸培養成的；不過造成他底思想，此外還有許多事情。

（一）一八五七年，他十五歲時，進了少年侍從隊學校。這個學校，如它底名稱所表示，是以養成皇帝底少年侍從爲目的的。據說他之所以被命進這個學校，是因爲他八歲時，其可愛的模樣，在某一跳舞場裏被皇帝所看見，稱贊他說將來可以做一個侍從之故。他在這個學校的時候，能夠親自見聞宮廷生活底情形，知道到底難受那種虛僞和醜惡，所以一八六二年一畢業這個學校，便馬上加入了西伯利亞底阿姆爾哥薩克騎兵隊。因爲他已經痛切地感覺到斷不能把一生費於觀兵式和宮廷跳舞會之中。

他在學校時，便特別有興味研究自然科學。到了西伯利亞之後，熱心努力做地理學上的探險和社會狀態底觀察。克魯泡特金能夠馳名爲地理學者，多靠此時的研究。他又觀察農民底生活，得到寶貴的知識。——但他不能久住西伯利亞。一八六六年，那些因參加波蘭獨私運動而被捕的波蘭底流刑者，在西伯利亞實行叛亂時，俄羅斯底軍隊以很殘忍的方法來鎮壓克魯泡特金看見這種情形，知道自己底思想和軍隊生活決不能相容，便和其兄亞歷山大一同脫離軍籍，回歸歐俄。他底生活，到此起了一個轉變。

（二）他回歸西方之後，任俄羅斯地理協會底書記。後來，這個協會派他到芬蘭及瑞典地方去旅行；這次旅行，使他底思想上發生很大的變化，一個自然研究者的克魯泡特金，完全變成了社會研究者。因為他在這次旅行中，目擊了芬蘭農民底悲慘生活。潛伏在他心中的人道的感情，一時爆發，使他不能安靜地研究自然。——他自己說：『當我底周圍一切的人都為一片麵包苦鬪的時候，而且當我為生存計又不能不向這些人奪取麵包的時候，我怎能有權利樂於自然的研究？』

克魯泡特金從芬蘭旅行歸來時，正是赫爾察和巴枯寧所指導的俄國青年底革命運動，被政府底反動政策完全壓下去的時候。言論出版底自由被剝奪了，思想家底大多數，或被幽於要塞，或逃到外國了。於是克魯泡特金，也到那稱為歐洲自由思想家底避難所——瑞士去了。這是一八七二年的事。

（三）克魯泡特金先到了瑞士底丘利齒希，在那里加入了第一國際底支部。這時，他才受了社會主義底洗禮。心裏早有準備的克魯泡特金，現在成爲社會主義者，是極容易的事。其次，再到當時勞動運動底中心地日內瓦，在那里常常出席於勞動者底集會，或和勞動者個人接近，體驗了他們底眞摯的苦惱。他看見了以無私坦白的心幫助勞動者的人非常之少，便下決心誓與他們同其運命。

（四）後來不久，他和巴枯寧派底無政府主義運動接近了。他有一星期左右，過活於裘拉山中底鐘錶職工之間。這一個星期，對於他底思想上，給與最大的影響；他從此以後，拋棄了馬克思派底集中主義，以巴枯寧派底聯合主義爲他底信條。

他在鐘錶職工間所作成的裘拉聯合之中，發見了和第一國際底組織不同的組織。這個組織，允許職工有較多的獨立和較多的獨創；他們不是由別人來指導，或爲少數者政治上的目的所利用的羣集。他們以他們自己底力量，爲他們自己底利益，進行他們底運動。可以說是他們底指導者的，只不過是比較活動的同志。一切職工，都是平等地，以相互的信賴和相互的獻身來從事運動。親見這種情形的克魯泡特金，自己說我成了無政府主義者而歸。

以如上的經過，他底思想便確立了。從此以後，他底整個生涯，都是爲宣傳這個思想而盡力。

一八七二年，克魯泡特金回歸彼得格勒。加入當時俄國青年運動底中心團體『楷可夫斯基團』，參加那『到民間去』的運動。他自己改變服裝，每夜出席勞動者底集會，宣傳革命思想；後來這事被政府發現，遂於一八七四年被捕，囚於聖彼得堡底要塞。要塞內底生活，又無聊又極不衛生；克魯泡特金因朋友們底請願，得受特別底恩惠，許他做地理學上的著作，藉此得稍慰生活底無聊。但他因爲在不衛生的要塞內做過度的勞作，以致他底健康，在三年之後，大受損害。後因他底妹子底盡力，得遷入陸軍衛戍病院，他底健康漸漸回復過來。當時，他底朋友們，定出救克魯泡特金的計劃，於危機一髮之間，幸而這個計劃成就，他得逃出醫院，跑到英國。

留英不久，便到瑞士，從一八七七年起，編輯一種週報，名叫革命，努力宣傳主義。一八八〇年，爲準備和盧克留斯共著地理學上的著作，移住克拉林斯地方。

一八八一年，出席倫敦所開的無政府主義底大會，回歸瑞士不久，便被驅逐。當時在俄羅斯本國，亞歷山大二世爲炸彈所炸死，俄國政府認此事底策源在瑞士，向瑞士政府要求驅逐所謂危險人物，克魯泡特金便是因此被驅逐的一人。於是他再到英國。然在英國的生活，也不很好，一年之後，便到法國。一八八二年，里昂絲織物工廠，發生暴動。這次暴動，因虐待幼年職工而起，職工在憤怒之餘，遂焚燒市公署和一菜館（市內富豪出入之所。）克魯泡特金對於這次暴動，並沒有什麼關係，只因爲他曾經向這里昂底職工做過演說，便被逮捕，判處五年徒刑。

一八八六年，刑滿出獄，便挈帶妻子去到倫敦。他在倫敦，發行一種無政府主義的雜誌，名叫自由，且常赴各地講演。在這時候，著出那有名的麵包掠取和互助論。

他在晚年，沒有做很醒目的活動。但以著作和論文來宣傳主義的事，決沒有休止。直到一九一七年俄國革命推倒專制政府，樹立民主政府以後，克魯泡特金才在歡迎之聲中回歸多年離別的本國。自從他逃出那陸軍衛戍病院以來，已經過了四十二年了。

在克倫斯基政府之下，他雖屢次被勸加入政府，但總堅持不受。不久，克倫斯基失敗，成了布爾塞維克底天下。布爾塞維克取得政權以後的克魯泡特金，決不是幸福的克魯泡特金。這是因爲他底無政府主義和布爾塞維克主義不能相容。所以當時有種種風說，或說克魯泡特金受迫害，或說克魯泡特金被暗殺。但這都不是事實。布爾塞維克並沒有虐待他。一八二一年，他以八十歲的高壽，靜靜地長眠地下了。

布爾塞維克政府，以國葬之禮安葬克魯泡特金。這是因爲克魯泡特金思想雖和布爾塞維克不同，但他一生盡力於革命運動，故以隆重的葬禮來安葬他。

克魯泡特金，也和一切無政府主義者一樣，認自由有最大的價值。『萬人底自由發展』——這是橫在克魯泡特金底思想中的根本見解。然則什麼制度是妨礙萬人底自由發展的呢？他做了一番研究之後，發見了那障礙物是國家和私有財產。於是他達到如下的結論：就是以沒有權力支配的各種團體的自由聯合代替國家，以共產代替私有財產，只有在這種時候，萬人底自由發展，才是可能。這就是他底無政府共產主義。不用說，無政府就是否定權力的意思，共產就是否定私有財產的意思。前者是關於政治生活的理論；後者是關於經濟生活的理論。然這兩方面底理論，在克魯泡特金底思想中，是渾然融和爲一的，所以我們不能輕斷在他政治生活中主張無政府主義，在經濟生活中提倡共產主義。如果是這樣，他底無政府主義便無異以竹接木的東西了。實在，克魯泡特金決沒有做這樣粗拙的事情。他底否定權力的思想——卽無政府主義的見地，不僅在政治生活中，且及於經濟生活中。就是他主張不帶權力的共產主義。

這里，關於我在第一章緒論中所說的話，不能不稍加以訂正。在緒論中，我曾經說過，以不帶法的強制的社會生活爲理想的，叫做無政府主義；和這無政府主義對立的思想，就是以帶着法的強制的社會生活爲理想的思想，其中包含着社會主義、共產主義等。這就是說，共產主義是帶着法的強制的，換句話說，是帶着權力的。可是現在這里，在克魯泡特金底無政府共產主義中，却主張着不帶權力的共產主義。所以這里應當附加一句話，也有不帶法的強制、不帶權力的共產主義。（同樣，關於社會主義，也想順便附說一句，巴枯寧底集產的無政府主義，是緒論中所述的定義底例外。）其次，在馬克思認爲最後理想的共產主義及列寧所謂第二期的共產主義中，也實現着無國家的社會，所以那時的共產主義也許會變成和克魯泡特金底無政府共產主義一樣的東西。關於這一個問題，很有討論之餘地，不過現在不是時候。這里，我只想訂正前面所說的話，不想涉及別的問題。

克魯泡特金，對國家怎樣看法？他和一切無政府主義者一樣，也認國家不外是權力的組織。以權力支配人，就是剝奪個人底自由。現在國家以什麽方法來行支配？其最顯著的方法，就是制定並施行法律。國家強迫我們尊重法律，並教訓我們說法律是使我們底社會生活平和、幸福的。可是法律究竟是不是使我們底社會生活平和、幸福的呢？原來社會中，即使沒有法律也有可尊重的習慣，當這習慣規律社會生活時，社會生活是能夠平和、幸福的。可是現在所謂法律，究竟是什麽東西？法律就是把曾經有益於這種社會的習慣，以成文表示出來的東西；但在今日，法律底大多數，却都成了爲維持怠惰的支配者階級對於勞動者的搾取和支配的工具。就是把那只有益於一部份少數人的習慣，強迫多數人去服從。這樣的法律，怎能產生社會全體底平和與幸福？

克魯泡特金以爲一切法律，可以分做三個種類：第一類是以保護政府爲目的的，第二類是以保護個人安全爲目的的，第三類是以保護財產爲目的的。這些法律，如果一一分析，窮其究竟，可以說都是有害無益的。第一，所謂政府是什麽？豈不是資產階級、特權階級底別名？保護這種政府的法律，對於一般民衆豈不是有害無益的？第二，試看保護個人安全的法律，即豫防犯罪處罰犯罪的法律。所謂對於刑罰的恐怖使人斷念犯罪的事，究覺是可能的嗎?因復仇心或貧困而欲殺人的人，他豈肯耐煩去想殺了人自己也要處死刑那樣的事?反轉來說，即使把對於殺人犯的刑罰廢除了，恐怕殺人犯也不見得便會因此驟然增多。犯罪底處罰，決沒有減少過罪人底數目。倒不如說，監獄是教育犯罪的大學。這樣看來，那以保護人身安全爲目的的法律，是何等地無力，我們也可以明白了。第三，關於保護財產的法律底無益有害，社會主義者已經說得很多。這種法律，不是保護各人使他能夠獲得其勞動底結果，反是保護不勞動的人使他能夠搾取勞動的人。

這種國家，把它底權力具體化爲法律，用來壓迫個人底自由。這一件事，不問它是專制國家或近代所謂立憲國家，是一樣的。法蘭西革命後，世界大多數國家，都推倒專制政治，建設立憲國家，實行議會政治。然而這個議會政治——世人以很大的期待採用它的議會政治，也變成了權謀術數的機關，謀利賺錢的機關。議會也和專制君主一樣，只努力於擴大其權限，強大其權力，以法律來命令個人或團體底行爲。我們常常聽到人說：在今日的立憲國家中，人民得有種種政治的權利。可是我們知道，這些權利，也因爲今日國家底支配者是資產階級，以致完全變成了表面的，名義的東西，沒有一點實際的內容。克魯泡特金這樣說道：——「出版底自由？試看英國瑞士美國吧。這些國家，都承認出版底自由。然資本家底支配，比其它任何國家都要強固。住居底不可侵？狡猾的資本家這樣說：「即使是我們底瓶中，也不能讓警官亂看；不過一旦遇着像污辱我們歷史的事情發生時，我們便不必尊重住居不可侵的權利，不妨任意到處搜索家宅，甚至得入寢室捕人」一書信底秘密？若資本家底特權有被侵犯的危險時，什麼書信秘密，便一點保證也沒有。——所謂國民所有的政治權利，都是這樣的東西。這些權利，只有在一個時候是被尊重的，就是在不利用它來妨害支配階級底利益時。如果一旦利用這權利來做違反他們利益的事情時，該權利便馬上被蹂躪。——這是克魯泡特金底意見。讀者諸君，在這里一定可以發見馬克思主義者底所謂階級國家觀，給與克魯泡特金以怎樣大的影響。這樣，在立憲國家或資本主義國家底批評上，克魯泡特金雖從馬克思主義者學得許多東西，但關於今後應當建造的社會形態，兩者卻指着完全相反的方向。

克魯泡特金絕對排斥權威、權力、支配，不問它是什麽性質（這是和社會主義者不同的最大的一點。）他主張個人底自由，不過他所主張的自由決不是排他的自由，換句話說，決不是不管別人怎樣，只顧自己一人自由，那樣意義的自由。排斥權威、支配，決不是排斥別人底存在。社會、共同、連帶，這種意義的東西，不論蒲魯東或巴枯寧以至於克魯泡特金，都認爲和個人底自由一樣重要的東西，甚至於在某種意義上說，承認這些東西是和個人底自由互相表裏的。像霍布斯所說的那種『萬人對萬人戰爭』的狀態，是他們所最憎惡的。

最重視社會的，可以說是巴枯寧。這事我們前面已經說過；現在我且把巴枯寧底說話照樣引用在這里，以證明他怎樣重視社會。巴枯寧說：——『社會先於個人，而且無疑地，依照自然所欲，比個人生存得長久。社會和自然一樣永遠，從自然腹裏生出來的社會，只要自然存在，總會存在。……人只有在社會中自覺其人性的時候，才成爲人，而且才發達良心。就是在這個時候，他也只有通過社會底集體行爲，才能表現他自己。人只有藉他底同胞（這些同胞活在世上時，才能改變地表，且使人類能有更高的發達）底集體的或社會的努力，才能從外界自然底束縛中解放出他自己。可是從他自己底本性底束縛中解放出來，即從他底本能底支配中解放出來，只有在肉體的感覺能爲受過訓練受過教育的精神所制御時，才是可能的。而這教育和訓練，在本質上是社會的機能。如果在社會底境界外，人將永遠留爲獸人。』

巴枯寧這樣地承認人類底生活中，社會生活、共同生活是絕對必要的。而這社會生活，他主張建築在各個人底自由、人性底相互尊重上面，極力排斥權威強制等。關於這一層，前面已經說過。這里應當注意的，就是人類底自由雖然是大家所希望的，但是沒有權威、沒有權力的社會生活，究竟是否可能的？關於這個問題，巴枯寧並沒有明白的答覆。不問它依據什麽理由，總之在社會生活中，發生規律它的權威、權力，一直到今日，還成爲不可缺少的東西而存在着，這總是無可懷疑的歷史上的事實。現在要主張消滅權威，那社會生活依舊可能，甚至於比較優美，除了說自由是大家所希望的那種主張以外，還應該有一種積極的根據。可是巴枯寧却沒有提出什麼積極的根據。關於這一點，不限於巴枯寧。就是高德文斯梯納蒲魯東也都不能免去同樣的非難。因此，他們底學說，卽使被人稱爲無根據的空想，也沒有方法辯護。可是在克魯泡特金底思想中，却不是這樣。他以科學的方法，證明卽使沒有權威，社會生活仍是可能，甚至於較善。這就是他底有名的互助論。他底無政府主義，被稱爲科學的無政府主義，其理由便在於此。

克魯泡特金底互助論，知道的人已經很多，我想這里沒有重述的必要，不過在說明底順序上，須簡單地說一說。

達爾文底生物進化論，是十九世紀中最大的學說，對於宗教思想、政治思想、社會思想，都給與一個很大的影響。可以說，人底思想，因此起一大變化。據生物進化論所說：生物常常互相鬬爭（卽行生存競爭），在這鬬爭中，強者（卽適者）戰勝弱者（卽不適者）而留存，這就是所謂自然淘汰的現象；由自然淘汰使適者留存的結果，只有優秀的生物日就繁榮，如此進行生物底進化。人既然也是一種生物，自然不能避免這自然淘汰、優勝劣敗的理法。達爾文自己是不是認生物界只有生存競爭、優勝劣敗的現象，雖有議論的餘地；但那些受達爾文底生物進化論思想影響的人，却都只發揮這一方面，斷定人類社會也是弱肉強食的戰場，實行着不斷的戰鬭，不是我打倒別人，便是別人打倒我，高唱個人主義的自己中心的思想，依此採取行動。

這種見解，對於像克魯泡特金那樣燃着人類愛的人，自然是一種難以忍受的見解。他仔細研究自然現象的結果，發見達爾文所說破的生存競爭底反面，還有互相扶助的現象。無論取什麽生物來看，都可以看出他們有互相扶助的事情。原來生物非各個單獨生存着，乃是作成集團共同生存着的，所以不能就一個一個的生物來決定哪一個弱或哪一個強，只能說哪一種生物強或弱。然則哪一種集團強，哪一種集團弱呢？某種集團內部底各個生物之間完全實行互助的便強，那不完全實行互助的便弱。生存競爭是行於生物底集團與集團之間的，所以其結果，留存的是那善行互助的集團。那些不完全行互助的，便被淘汰，結果今日留存的生物，互助的本能便很強。在人類中也是一樣，人也具有很強的互助本能，是毫無疑義的事實。

如上所說，克魯泡特金認互助是人類所具有的本能。所以即使在沒有什麼權威、沒有什麼權力的時候，人類也能依這個本能底作用，來營平和的社會生活。這個本能底作用，便是要人類較善地生存；所以不帶命令、強制的社會，就是較善的社會。這是他底意見。

於是問題回到以前：今日的國家、法律，是有害無益的，即使沒有這些東西社會生活也是可能的。然則無國家、無法律的社會，究竟是怎樣的呢？克魯泡特金關於這個問題，抱着什麼意見呢？這是他底無政府主義底積極的主張方面。

代替限於地域的國家，出現許多團體，即組合。具有共同目的的多數人，創造一個組合。這多數人，不限於住在同一地方的。住在同一地方的自然很多，不過住在遠隔地方的人，也能夠加入。總之，共同目的這一件事，是結合多數人的唯一動機。

加入組合，是各人底自由。但一旦加入了組合，在未退出以前，對於組合就負有一定的義務。要人盡此義務，非用法律去強制，乃是各人依協同的意思和互助的精神，或依怕被組合排斥的念頭，自動地努力於義務底履行。在組合內，絕對不能有什麼支配者、權力者。合意和習慣當做最高的決定者。

加入組合的人們之中，也難保沒有人做出多少反社會的行動，但在這個場合，也斷不以刑罰去處置他。大家應當以愛待遇這種行爲者，應當努力以道德的感化使他變成善良的組合員。——刑罰是無益有害的，應當以愛來替代刑罰，這是克魯泡特金所反復申述的。

原來人底欲望和目的，是有許多種的，所以一個人同時可以加入許多個組合。再則，組合自身也常常有和別的組合共同動作的必要，所以這里，組合和組合間便造出聯合。這組合底聯合，也按照那和各個人創造組合相同的原理，即依照自由契約的方法來作成。

照這個樣子，造出組合、組合底聯合、組合聯合底聯合。其結果，便造出包含全人類的自由聯合。

像今日國家所做的工作，儘可以由組合來做，而且還要做得好些。克魯泡特金這樣說道：——需要新設道路時，鄰近各組合便可以一致來擔任，他們將很快地完成其事業，好過那管理公共事業的大臣。倘若發生需要敷設鐵道時，組合便會動手敷設很好的鐵道，和那敷設粗劣的線路要用幾百萬圓經費的包工師不同。試設想敵人侵入國內時吧。那時，我們自己起來擔當防禦之任，一定比那付託不見得靠得住的將軍要堅實得多。又如農夫需要農具時，他可以和市鎮底勞動者訂約，以等於其製造費的價格取到手。如此，像現在那種同時欺瞞農夫和勞動者以貪得暴利的企業家，便歸於無用。——

以上所述，爲主的是克魯泡特金底政治思想；但若不說明他底經濟思想，便不能說已經明瞭他底無政府共產主義。

克魯泡特金對於資本主義經濟組織，特別是私有財產制度的批評，其激烈不下於一切社會主義者、無政府主義者。他對於資本主義的非難，着重於下面兩點：其一，他以爲資本主義因資本家底貪慾產生恐慌的現象，陷多數勞動者於貧乏和悲慘的境遇；其二，資本主義引起人類道德底墮落。恐慌和資本主義不能分離，這事前面已經屢次說過，而且克魯泡特金所說的，和前面所說的也只是大同小異，所以這里我就不去說它。這里應當特別注意的，就是引起道德墮落的思想。

從克魯泡特金底社會觀來說，人類底最高道德便是彼此互相服役。人常常有形無形地，受着社會種種的恩惠，人藉社會底恩惠才能成爲人，所以一切人都應當爲社會盡力。然則資產階級究竟做些什麼呢？他們在指導社會這種口實之下，過着怠惰的生活，毫不知恥地發揮低劣的利己心，常常沉溺於官能的享樂，腐化自己及自己周圍的人。他們活在這世上的目的，僅僅是裝金錢的錢袋和動物的衝動。像什麼對於社會的責任感，他們連夢也不會夢見。他們以金力汚辱婦女底純潔和兒童底天眞，使美術、劇場、報紙等底品位降低。這樣的人，是社會中的支配者，是社會中的優越者。一切人被逼去做反社會的行動，是不可避的運命。總之企圖犯罪而成功的人就是資本家、支配者。犯罪失敗的人，社會便把他們投入監獄裏。——克魯泡特金，這樣地說。

克魯泡特金痛切地知道資本主義底弊害，主張要造成互助的優美社會，非行共產主義不可。他不滿足單以生產財歸共有。他說區別生產財和消費財的社會主義的學說是錯誤的。據他所說區別生產貨財所要的資本和生活必需品的人，主張前者歸共有，後者歸私有。可是這個區別，顯然是錯誤的區別，而且把這一種歸共有，別一種歸私有，實行上是不可能的。我們防禦雨露的家屋，我們燃燒的石炭和瓦斯，培養身體的營養物，這一些東西都是生活必需品，但這些都是人性底開發和豐富的生活上不可缺少的東西，和機器、工廠、原料等，沒有什麼不同。要區別兩者，是不可能的。不問對於什麼東西，只要行着私有財產制度時，什麼不公平、壓迫、虐使等事，便不會絕跡。私有財產之中，若只廢除一半，只能產生不充分的效果。

這樣說來，他是主張共產主義的。他底主張，成於兩個根據上面。其一，一切貨財都是萬人共同的成果，所以應當歸共有；其二，今日在我們底生活中，已經有一部分實行着共產主義，所以一切貨財都歸共有，決不是不可能的事。

關於第一個論據，他這樣說：——今日存在着的一切財富，一切貨品，都是由全社會所生產的。這些東西，不僅是現在活着的人們底共同勞動底結果，而且也是過去的人們底勞動底結果。試假定這里有一架機器。要能造出這一架機器，必定要有過去幾百年、幾千年人類知識底集積。由這知識底集積，才能有許多發明，才能有許多人根據這發明來做出。掘鐵的鑛工、運鐵的工人、鐵工廠底職工、熔鑛爐底製造者及其發明者、機器裝置底發明者、技師、……凡此一切數也數不清楚的多數者底共同勞動底結果，這里才現出一架機器。又假定這里有一所住屋。這住屋具有價值是什麼緣故？不是因爲它位在都會之中嗎？不是因爲它位在那由幾百年來多數人底努力所造成的都會中嗎？如果把它移到西伯利亞底雪中，就會馬上變成無價值的東西。——因此，一切貨品，一切財富，都是萬人共同勞動底結果。對於這種財富，人以什麼權利，能夠說『這是我的，不是你的？』

第二，共產主義現在已有一部份在實行着。現在沒有什麼橋錢。無論什麼人，都可以過橋。道路是公開的。圖書館、公園，無論何人，都得自由使用。家裏所必要的水，可以充分得到供給。這種現象，今後一定日益加多。它是暗示我們將來社會走向如何方向的。這是克魯泡特金對於實行共產主義的意見。

然則在共產主義中，生產和分配怎樣進行呢？先說克魯泡特金關於生產的意見。

在共產主義社會中，第一應當生產的，是人類生活中不可缺少的物質。最先應當生產的，是保證一切人生存的充分的財物。因此，社會底一切人，都不能不勞動。——不過這萬人底勞動，在克魯泡特金底共產主義中，任何人都不是受強制的。各人都從他自己所有的義務感、互助的精神，自發地去從事勞動。——就是大人（除掌管兒童教育的婦人）從二十歲至二十二歲起，迄四十五歲至五十歲止，每天必須勞動五小時。一人勞動五小時便夠了。人只要做這些勞動，他底生活便完全得到保證。

人一天只要工作五小時，其它的時間，無論用於什麽目的都可以。或爲滿足學問的慾望，加入這一種組合，或爲滿足藝術的慾望，加入別一種組合，都無不可。

在無政府共產主義中，不是行强制勞動的。所以使勞動成爲愉快比在社會主義中還更需要。克魯泡特金確信在共產主義中，採用下面各種方法：廢除工錢制度、應用科學來清潔工廠日益改良機器以謀工作底安易、縮短勞動時間、適當調和農業勞動和工業勞動、常常交代頭腦勞動和筋肉勞動，用這一些方法，勞動能夠變成愉快。

如果把勞動變成愉快，做好適合衞生和健康的完全設備，其結果，生產總額便會大大增加。克魯泡特金這樣豫料着。

其次，分配又怎樣進行呢?

就是『各盡所能，各取所需。』第一，應當分配給各人，使大家都能夠滿足生存的慾望。因爲人不問强者或弱者，也不問有能力者或無能力者，都一樣有生存的權利。

人不僅有生存的權利，且有營愉快生活的權利。其次，還有由自己決定什麼生活是愉快生活的權利。

克魯泡特金抱着一種極樂觀的見解，以爲共產主義一實現，便能夠實行完全保證這些權利的財富底分配。他以下面兩件事來證明這樂觀說：第一，社會底生產力正在迅速增加着；第二，在資本主義中現存的生產力，因資本家底貪慾和利己心，還不能十分發揮，只要改造資本主義組織，生產總額便會倍加。因此，他以爲如果經濟組織改造了，文明諸國民，不數年間便會看見有用的貨財多如山積，這樣那樣都很充分。那時大家一齊叫道：煤也夠了，麵包也夠了，衣服也夠了，什麼也夠了，我們從事休養吧！我們應當怎樣設法利用我們底時間呢？這種時代，克魯泡特金以爲一定會到來的。

萬一生產不能如此增加，不能充分滿足萬人底慾望時，便不能『各取所需，』只能實行一定量的分配，這時，最先應當保護病人和兒童。克魯泡特金這樣說。

敬啟

『民國專題史』叢書，乃民國時期出版的著名學者、專家在某一專題領域的學術成果。所收圖書絶大部分著作權已進入公有領域，但仍有極少圖書著作權還在保護期内，需按相關要求支付著作權人或繼承人報酬。因未能全部聯系到相關著作權人，請見到此説明者及時與河南人民出版社聯系。

聯系人 楊光
聯系電話 0371-65788063
2016年3月28日